変容するアジアの家族

シンガポール、台湾、ネパール、スリランカの現場から

編著
田村慶子
佐野麻由子

明石書店

刊行のご挨拶

日本およびアジアの女性の地位向上（ジェンダー平等）を目的にグローバルな視点に立って交流・研究を行う本財団が、このたび財団の理事のおひとりでもある田村慶子先生（北九州市立大学法学部）の研究指導だけではなく、資金調達と発行までのプロセスにおける多大な協力・貢献のもと、研究書を発刊できたことを大変嬉しく思っています。

本書は、本財団が所在する北九州市及び広く九州一円の大学に勤務するアジアおよびジェンダーに関心を持つ研究者のネットワークによる共同研究として進められた成果です。この共同研究を進めるにあたっても田村先生の多大なご尽力があったことを申し上げさせていただきます。また、本書は、新型コロナウイルス感染症（COVID-19）の真っただ中で進められたために、現地調査は大きく制約されました。各章のご執筆にあたって、編者の田村先生、佐野麻由子先生をはじめ、坂無淳先生、古田弘子先生、鹿毛理恵先生のご苦労はいかばかりであったかと思います。

本書には、当フォーラム発足以来、アジア・太平洋地域のジェンダー問題に造詣の深い識者・活動家・ジャーナリスト等に委嘱している海外通信員の方々の現地報告をコラムとして再掲し、本書の内容をより多彩なものにしています。また、台湾で増加する東南アジアからのケア労働者についてのコラムは、ネットワークのメンバーでもある森田豊子先生がご執筆くださいました。

アジア・太平洋地域は、急速なグローバル経済化のなか、大きな変化に見舞われてきました。しかし、男女格差よりも貧富の格差、すなわち出身（自）による格差が大きい状況はあまり変化していないように見受けられます。一九九〇年代にグローバル化が進展したため、底まで続く熾烈なコスト競争が明確になり、「インフォーマル経済」での仕事、すなわち雇用形態の柔軟化が大きな課題となりました。同時に、当時多くのアジア諸国ではまだ導入されていなかった社会保護の確立も課題となりました。すでに高齢化社会が進行していた東・東南アジア諸国では、伝統的な家族による高齢者の扶養が揺らいでいました。本書では、こうした課題にも向き合った研究も含まれ、きわめて興味深い洞察、見識をうかがうことができます。アジア諸国の家族やジェンダー問題の専門家だけでなく、広く一般の方々にも手に取っていただきたい一冊です。

最後に繰り返しとなりますが、ご執筆いただいた田村先生をはじめ、諸先生方に深く感謝申し上げます。

二〇二一年一一月一日

公益財団法人アジア女性交流・研究フォーラム理事長　堀内　光子

変容するアジアの家族

——シンガポール、台湾、ネパール、スリランカの現場から

目　次

はじめに

田村慶子・佐野麻由子

1. 本書の目的

本書の目的は、シンガポール、台湾、ネパール、スリランカの事例からアジアにおける家族の変容の一端を捉えることにある。アジアの家族は「圧縮された近代」と表現されるように欧米に比べて少子高齢化が急速に進み、短期間に変容を遂げている。今日のアジアにおいて、家族形態、家族の機能、性別役割分業、人々の家族観はどのように変容しているのだろうか。そうした変容は、各国におけるどのような社会構造の変化を反映しているのだろうか。

本書で取り上げるシンガポール、台湾、ネパール、スリランカは、面積も人口も小さい小国（地域）であること以外に、程度の差こそあれ、（1）急激な少子化ないし少子高齢化、（2）拡大家族から核家族へという急激な世帯規模の縮小、（3）出稼ぎによる家族の離散や外国人ケア労働者によって支えられる家族機能というグローバル化のなかでの家族の変容を経験しているという共通項を持つ。

本書の各章では、家族形態、家族の機能、性別役割分業、家族観および親密性、家族内の関係性（権力関係）ならびにそうした変容と関連する社会構造（制度、諸要因等）とその変化を分析する。

2. 問題の背景――今日のアジアの家族の動向

(1)「圧縮された近代」

すでに述べたように、アジアでは「第一の人口転換」から「第二の人口転換」への時間が短い「圧縮された近代」が多くの国で起こっている［落合二〇一三］。短期間の人口転換は、家族の形態も短期間に変容させたはずである。

「第一の人口転換」とは、出生率と死亡率が低下し続けて多産多死から少産少死へ移行し、出生率が人口置換水準付近で安定した段階である。この時期はまた「家族における第一の近代」とも呼ばれる。

この時期の社会構造上の重要な変化は、第一次産業から第二次産業への移行に伴い職住分離による公私の分離が起き、今日多くの人が家族のあり方としてイメージする家族が登場したことである。【1】この時期の家族は、①制度的に安定した配偶関係・家族関係、②家族の情緒的結合（親密性）の重視による婚姻関係の安定的継続、③少ない子どもに愛情と費用をかけて育てる子ども中心主義、④性別役割分業、という近代特有の特徴を有している［落合 一九八九］。「第二の人口転換」とは人口置換水準以下で低出生率が持続する段階で［レスタギ／モース 二〇〇〇：一］、「家族における第二の近代」とも呼ばれる。欧州・米国は、一九六〇年代末に迎えたとされる［落合 二〇一三：一三］。

この時期の家族には、第一の近代の家族とは異なり、①婚姻制度によらない配偶関係・家族関係、②従来支配的であった家族規範、異性愛主義の規範の揺らぎ、③性別役割分業の変容、が見られるようになった。背景には、共同体の衰退に伴い個人の選択において合理性が重視されるようになったことや、女性の教育水準の上昇に伴い女性が公的領域に参画するようになったことがあるとされる［レスタギ／モース 二〇〇〇：一］。

欧州・米国は第一の人口転換を一八八〇年代から一九三〇年頃にかけて迎え、第二の人口転換を一九六〇年代末から迎えた。一方、アジアではその転換のスピードは速い。シンガポール、韓国、台湾の合計特殊出生率（女性が一生に産む子どもの数、TFR）は短期間に世界最低水準にまで低下した。また、日本（二七％）以外のアジアの国の高齢化率は西欧先進諸国と比べて現時点ではそれほど高くないものの、高齢化の進行は非常に早く、高齢化社会（高齢化率七％）から高齢社会（同一四％）に到達するまでに日本は二五年（一九七〇〜一九九五年）で、韓国はそれより早くわずか一八年（一九九九〜二〇一七年）、台湾は二四年（一九九三〜二〇一七年）、シンガポールは一九九九年に七％、一九年後の二〇一八年には一三・七％に到達し、高齢社会は目前となった。

なお、アジアの国々がこのように急激な高齢化を経験したのは、一九六〇年代後半から九〇年代中葉までのアジアの高度経済成長期ではなくその後の低成長期であったため、福祉国家を発展させるのに十分な時間もそれを可能にする富の蓄積もなかった。そのため、家族が成員への所得分配とケア供給の責任を負うことを前提とした家族主義型福祉レジームが選択されたのである。また、西欧諸国がその手厚い社会保障制度による深刻な財政難に陥っている状況は、多くのアジア諸国にとっていわば反面教師になり、家族主義を西欧諸国に対するアジアの優位性とみる「アジアの価値」が喧伝される一因となった。

(2)四つの事例にみる「圧縮された近代」

本書で扱うシンガポール、台湾、ネパール、スリランカのＴＦＲはいずれも世界平均より低い。シンガポールと台湾のＴＦＲは世界最低水準である。高齢者（六五歳以上）が人口に占める割合はネパールを除く三カ国（地域）で高くなっている（図表1）。

図表1の一人当の国民総所得が示すように、台湾とシンガポールは一九七〇年代から八〇年代はアジアＮＩＥＳ（新興工業経済地域）と呼ばれて急速な工業化と高い経済成長を達成し、中進国からほぼ先進国の仲間入りを果たした。スリランカとネパールは、二〇一九年と二〇二〇年にそれぞれ低所得国から下位中所得国【3】になった。

前述のデータからは、成熟した経済下で豊かさを手に入れた台湾とシン

図表1　4カ国（地域）の人口、面積、1人当国民総所得、高齢者の割合、TFR、女性の就労率、世帯人数

	人口（万人）	面積（k㎡）	1人当国民総所得（USD）	65歳以上の高齢者の割合（%）	TFR（人）	女性の就労率（%）	世帯人数
シンガポール	564	720	65,640	13.7	1.21	69.1	3.3
台　湾	2,360	36,000	26,528	14.0	1.06	50.92	2.9
ネパール	2,970	147,000	1,194	5.78	1.98	84.5	4.2
スリランカ	2,103	65,610	3,852	10.84	2.21	38.2	3.8
世　界	―	―	―	9.6	2.40	47.29	4.0

出典：外務省「国・地域データ」2019年、World Economic Forum (2019) *The Global Gender Gap Report 2020*、行政院主計總處『2017年人力資源調查統計』、Central Bank of Sri Lanka, *Sri Lanka Socio Economic Data 2020.* United Nations Department of Economic and Social Affairs, *Household Size & Composition 2019*、World Bank (2019) *Fertility rate, total* (births per woman) などを参照【2】。

ガポール、そして、経済発展の途についたネパールとスリランカという違いはあるものの、これら四カ国（地域）における家族の変容は、当該社会の家族を取り巻く経済・社会・政治制度の変容を反映していると仮定できる。
本書が対象としている四つの国や地域ではこれらの変容にはどのような特徴が見られるのだろうか。以下では、アジアにおける第二の人口転換（家族における第二の近代）という枠組みの中でこれら四カ国（地域）における家族の変容を捉えるための視点を「家族形態の多様化」、「近代家族に含まれていた多様な機能の解体、外部化」、「家族成員の平等・個の権利尊重」の三つに絞って説明する。

3．第二の近代におけるアジアの家族の変容を捉えるにあたって

⑴家族形態の多様化
社会学において、「家族」とは配偶関係や血縁関係によって結ばれた親族関係を基礎に成立する小集団である。家族形態とは、文字通り家族の形を指すことばである。たとえば、単独、夫婦と未婚の子よりなる核家族、夫婦と子どもからなる核家族とその子どもがさらに作った核家族が同居している拡大家族、非親族との同居でなりたつ家族などが例示できる。
世帯規模は世界中でゆるやかに縮小傾向にあり、単身者や核家族が増加している。アジアにおいても家族形態の多様化が進んでいる。

⑵近代家族に含まれていた多様な機能の解体、外部化
性的機能、経済的機能、生殖的機能、教育的機能を維持してきた近代家族規範がどの程度揺らいでいるのか、実際

に家族が担ってきた機能はどの程度外部化されているのかもまた、家族の変容をみる視点の一つになる。

近代家族の機能として以下の六点を挙げることができる。①性的関係を結ぶ相手や時期を規定し性の秩序を維持する機能(性的機能)、②成員間で生活に必要なモノやサービスを生産・供給する機能(経済的機能)、③新たな成員としての子どもを生み育てる機能(生殖的機能)、④子どもに知識や社会的規律を身につけさせる機能(教育的機能)［マードック 二〇〇一］に加え、⑤個人に愛情や社会的承認を与えるアイデンティティ供給の機能である［山田 一九九四］。さらに、社会階層の世代間継承には家庭生活の中で蓄積される文化的素養(文化資本)が影響をもつというピエール・ブルデューの社会学的研究は、教育的機能に加えて、⑥階層上昇に有利な文化的資源を提供することも家族の機能であることを示唆している［宮島 一九九四、一九九九］。

国家の福祉政策において家族のもつ機能は、社会保障という点からも重視されている［山田 二〇一三：六五〇］。しかし、第二の近代では家族のもつ機能もまた、それを維持する「愛情をもって家族成員の扶養やケアの責任を負う」という家族規範が相対化されるに伴い、家族から切り離され解体されている［山田 二〇一三：六五四〜六五五］。解体された機能の一部は国家や市場によって代替されるという「家族機能の外部化」が起きていると考えられている。

加えて、外国人ケア労働者の雇用は欧州や米国だけではなくアジアの先進国で見られるようになっているため、外国人ケア労働者による家族機能の代替と市場化はアジアの家族変容を捉える際の重要な視点になる。

(3)家族成員間の平等・個の権利尊重

家父長制の揺らぎの程度、すなわち、家族内の平等や個としての権利尊重の程度もまた第二の近代における家族の変容を見る重要な視点の一つである。

家父長制とは権力をもつ家長が性と年齢による編成原理に基づいて、家族成員の労働力、生殖力とセクシュアリティを管理下におく家族形態、このような原理に基づく社会の支配形態を指す［上野 二〇〇三：五六～六五］。家父長制のもとでは、女性のセクシュアリティは管理され、家族の機能のうち、家族成員の生命を維持し次世代の家族成員の命を育むケアの機能は女性の仕事として割り当てられてきた。

欧米では、第二の近代を迎えた一九六〇年代には、若者によるカウンター・カルチャー運動やフェミニズム運動によって性規範や性別役割分業は疑問視され、家父長制は揺らぎを経験する［ギデンズ 二〇〇九：四五四～四五六］。これに対してアジアとくに東アジアにおいては、家父長制は依然根強いように思われるものの、家父長制の揺らぎはアジアでも見られるようになっていると考えられている。

4．家族の変容と政治的、経済的領域との関係

これまでに家族の変容をみる際のポイントを整理してきたが、家族の変容と相互に関わる領域も整理しておきたい【4】。まず政治的領域を挙げる。

家族の生存戦略は、福祉国家のあり方や産業構造、労働市場のあり方に影響を受けるが、その逆もまたしかりである。国家は、国力を維持するために家族のあり方や機能に介入［牟田 一九九六］する一方で、家族の変容によって国家制度の前提を崩され対応を迫られることもある。

次に、経済的領域を挙げる。産業構造の変化、それに伴う労働市場の変化は、家族の生存戦略に影響を与える。たとえば、経済領域のグローバル化は労働機会を求めての海外への移動、それに伴う家族のもつ紐帯機能の弱体化を生起している。他方で、家族の戦略の結果生じた人口構成・世帯構成の変化は、消費構造に影響を与え、産業構造や労働市場に影響を与えるという側面もある。今日、少子高齢化による消費・産業構造の変化と将来展望が各国の関心事

になっていることがその好例である。

最後に、非政府、非営利に特徴づけられる市民領域を挙げる。家族と市民領域との関係については、ケアをめぐる議論の中で注目されている。そこでは、市民領域は福祉国家が行き詰まり、ケアの商品化も、ケアを家族が担うケアの家族化も限界を迎える今日、それらを補完し再構築する領域として位置づけられている［上野 二〇一一：四五七］。

以上の論点を踏まえ、家族と国家、市場、市民領域との関係を示したものが図表2になる。

5．本書での分析枠組みと本書の構成

上記の論点を踏まえ、各章では、家族形態、家族の機能、性別役割分業、家族観および親密性、家族内の関係性（権力関係）を手掛かりに四つの国と地域における家族の変容を分析する。そして、それらの変容が、国家（政治的領域）産業構造や労働市場（経済的領域）、とどのように関わっているのかについても分析したい。

シンガポール（第一章）と台湾（第三章）では、国家と家族のせめぎあいの一端を描き出す。シンガポールと台湾のTFRは、すでに

図表2　家族と国家、市場、市民領域との関係（イメージ）

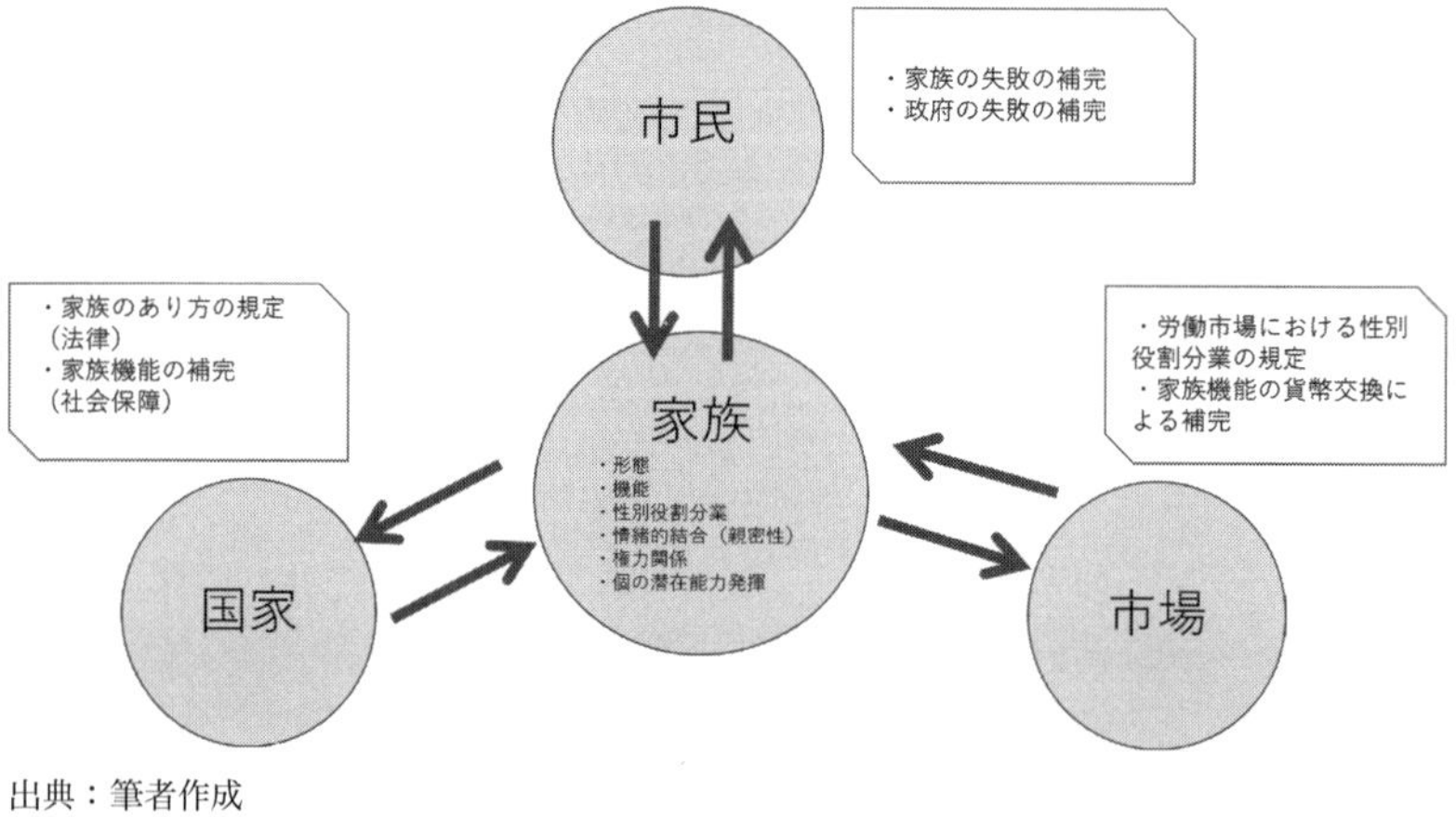

出典：筆者作成

述べたように世界最低水準である。二〇一〇年の台湾のTFRは〇・八九と世界最低で、その後も一・一前後で推移している。このような極端な少子化に加えて高齢化も急速に進展しているため、家族形態や機能は変容せざるを得ない。しかしながら、シンガポールと台湾では、政府は性別役割分業を維持した家族主義型福祉レジームに固執しているために、高齢者とその家族の同居率はきわめて高く、女性はキャリアと家庭という二重の負担を担うケースも多い。一方で、外国人ケア労働者を雇用する等の家族機能の外部化・市場化を政府自ら奨励し、雇用する家族も「家庭内で働く他人が親の面倒をみるなら家族が介護するのと変わらない」と考えているため、フィリピン、インドネシア、ベトナムなどからのケア労働者が急増している。両国の近代家族を前提とした家族主義型福祉レジームはケアを市場化することで高齢化を乗り越えようとしているが、女性たちの家父長制からの逃避が少子化を加速化させ、家族主義型福祉レジームに見直しを迫る現状を分析する。

さらに、人材だけが資源のシンガポールでは教育は国づくりの根幹と位置付けられ、「人の質」を高めるべく能力ある子どもには男女を問わず最良の教育機会が提供され、そうでない子どもにもそれなりの力を発揮して国の発展を担ってもらうという「メリトクラシー（実績主義）」が貫徹している（第二章）。そのため、シンガポールは教育や子育て、子どもの将来（職業）への期待に対する家族の価値観とその変化、政府の介入をメリトクラシーとジェンダーの観点から考察する好例となる。

また、台湾では二〇一九年にアジアで初めて同性婚が合法化され、シンガポールでもピンクドットという性的マイノリティの権利拡大を求める運動が多くの支持者を集めていることから、多様な愛のかたちと新しい家族形態が生まれていることも指摘する（第一章、第三章）。

中国とインドに挟まれた内陸国ネパールは、ヒンドゥー教の思想に基づく男児選好が根強い国である。二〇一〇年頃から急速な経済成長を遂げ、他のアジア諸国同様に少子高齢化が少しずつ進展し家族が変容しつつあり、二〇一八年にＴＦＲは一・九八人となった。しかしながら、このような少子化の進展は男児選好に歯止めをかけるのではなく、それを促進することが明らかになっている。第四章では、ネパールの男児選好を経済成長下での階級構造の変容に対応を迫られる家族（市場と家族）という点から考察する。ネパールの事例は、同様の男児選好の問題に直面する南アジアではインドとバングラデシュ、東アジアでは中国と韓国の事例との比較を考えるヒントになろう。

スリランカ（第五章）では　四半世紀にわたる内戦が二〇〇九年に終結した後は、比較的安定した経済成長を示してきた。この章では、スリランカの中間層の障害者家族に焦点をあて、家庭での障害児のケアと女性のケア役割を考察する。また、教育・療育分野およびケア提供者の市場化、政府による障害者福祉施策、福祉予算、教育予算の配分と家族における性別役割分業との関わりについても分析する。

【注】

【1】家族史研究においては、近代国家以降の産業社会において成立した家族はそれ以前のものと区別され、「近代家族」と呼ばれている［江原二〇〇七：一七四］。

【2】シンガポールについては、https://population.un.org/Household/index.html#/countries/702（二〇二一年五月九日アクセス）
一人当国民総所得（ＵＳＤ）については、World Bank (2021) *World Development Indicators* を参照。データは二〇一九年のもの。
高齢者の割合（世界）については、https://www.unfpa.org/data/world-population-dashboard（二〇二一年五月九日アクセス）
ＴＦＲについては、https://data.worldbank.org/indicator/SP.DYN.TFRT.IN（二〇二一年五月九日アクセス）

【3】World Bank［2021］*New World Bank country classifications by income level: 2020-2021.* スリランカは、二〇二〇年に対外債務懸念により低中位所得国（一〇三六～四〇四五ドル）に格下げされた。

【4】江原は、家族に関わる領域として政治的領域、経済的領域を挙げた［江原二〇〇七：一七五］。

【参考文献】

日本語文献

上野千鶴子［二〇〇三］『家父長制とジェンダー――マルクス主義フェミニズムの地平』岩波書店

上野千鶴子［二〇一一］『ケアの社会学――当事者主権の福祉社会へ』太田出版

江原由美子［二〇〇七］「「ジェンダー・フリー」のゆくえ――家族のかたちから二一世紀日本社会を考える」友枝敏雄・山田真茂留編『Do! ソシオロジー = Do! Sociology : 現代日本を社会学で診る』有斐閣：一七二～一九六

落合恵美子［一九八九］『近代家族とフェミニズム』勁草書房

落合恵美子［二〇一三］『親密圏と公共圏の再編成――アジア近代からの問い』京都大学学術出版会

外務省［二〇二一］「国・地域データ（アジア）」https://www.mofa.go.jp/mofaj/area/asia.html（二〇二一五月九日アクセス）

ギデンズ、アンソニー（松尾精文他訳）［二〇〇九］『社会学第五版』而立書房

ヴァン・デ・カー、D・J［二〇〇二］「先進諸国における『第二の人口転換』」『人口問題研究』五八（一）：二二～五六

マードック、G・P（内藤莞爾訳）［二〇〇一］『社会構造――核家族の社会人類学』新泉社

宮島喬［一九九四］『文化的再生産の社会学』藤原書店

宮島喬［一九九九］『文化と不平等――社会学的アプローチ』有斐閣

牟田和恵［一九九六］『戦略としての家族』新曜社

山田昌弘［一九九四］『近代家族のゆくえ――家族と愛情のパラドックス』新曜社

山田昌弘［二〇〇四］「家族の個人化」『社会学評論』五四（四）：三四一～三五四

山田昌弘［二〇一三］「日本家族のこれから――社会の構造転換が日本家族に与えたインパクト」『社会学評論』六四（四）：六四九～六六二

レスタギ、R／G・モース（清水昌人訳）［二〇〇〇］「先進工業諸国における出生力と世帯形成の近年の動向（抄訳）」『人口問題研究』五六（三）：一～三三

外国語文献

Asian Development Bank [2019] *The Social Protection Indicator for Asia: Assessing Progress.*

Central Bank of Sri Lanka[2020] *Sri Lanka Socio Economic Data 2020*

Esping-Andersen, Gosta [2001] *A Welfare State for the 21st Century: Ageing societies, knowledge-based economies, and the sustainability of European welfare states*（渡辺雅男・渡辺景子訳［2001］『福祉国家の可能性——改革の戦略と理論的基礎』桜井書店）.

United Nations Department of Economic and Social Affairs [2019] "Household Size & Composition," https://population.un.org/Household/index.html#/countries/524（二〇二一年五月九日アクセス）

United Nations Population Fund, "World Population Dashboard." https://www.unfpa.org/data/world-population-dashboard（二〇二一年五月九日アクセス）

World Bank [2019] "Fertility rate, total (births per woman)." https://data.worldbank.org/indicator/SP.DYN.TFRT.IN（二〇二一年五月九日アクセス）

World Bank [2021] *World Development Indicators*.

World Economic Forum [2019] *The Grobal Gender Gap Report 2019*.

行政院主計總處［二〇一七］『二〇一七年人力資源調査統計』

第1章 シンガポールの「疲弊する」家族と女性

田村慶子

はじめに

家族は、国家が女性あるいは男性に何を求め、何を期待するか、つまり国家のジェンダーバイアス化されたルールや期待が最も顕著にあらわれる場であるといわれる［Teo 2007: 427］。一九六五年の独立以来、シンガポール政府は社会の安定と経済発展のために、家族のあり方に対して政策的介入を行い続けてきた。例えば、リー・シェンロン（Lee Hsien Loong）現首相は二〇〇七年十月に国会で次のように述べた。

「シンガポール社会は基本的に保守的である。家族は我々の社会構造を作る上での基本である。政府は家族を強化する政策をこれまで打ち出してきたし、これからもそうである。シンガポールにおける家族とは、男と女が結婚し、子どもを産み育てるという安定した家庭の枠組みを意味している」［*The Straits Times*（以下、*ST*）、October 23, 2007］。

この演説どおり、家族を強化するための政府の介入は、政府が理想とする「家族のかたち」を作るための、時には有無を言わせぬ強制力を伴い、時には金銭補助や様々な優遇を与えるという、まさにアメとムチの介入であった。また、政府が認める家族とは異性間の合法的な結婚とその子どもからなる家族で、「父親が世帯の長」といういわゆる「伝統的」家族であり、それ以外のほとんどの家族は公的支援や補助金の対象外で、構造的に排除されてきた。

まず、シンガポールの家族の形態とその近年の変容を見てみよう。図表1は二〇〇〇年と二〇一四年のシンガポー

図表1　シンガポールの家族の基本統計（2000年と2014年）

項目	2000年	2014年
世帯当たり平均人数（人）	3.7	3.4
世帯の構成（%）		
夫婦・未婚の子	55.8	49.3
祖父母・父母・子	9.8	9.5
ひとり親と子	6.9	6.8
単身	8.2	11.2
高齢者と子の同居比率（%）	—	67.0 *
65歳以上人口の比率（%）	10.2	11.7
0～14歳人口の比率（%）	30.1	17.4
35～39歳の未婚者率（%）	女15.1／男19.7	女18.4／男21.3
合計特殊出生率（TFR）（人）	1.6	1.15

出典：Straughan (2015), および *Yearbook of Statistics Singapore* の各年・各項目より筆者作成。
* これは2010年の数字、Noorashikin (2013: 130-131).

ルの家族の基本統計である。

この図表からわかるとおり、シンガポールの家族はこの一五年ほどの間に大きく変容しているものの、一方であまり変わっていない点も見られる。

①平均世帯人数の変化は少ないが、急激な少子化と未婚者の増加、高齢化が進展していること。二〇一四年の合計特殊出生率（TFR）一・一五人というのは世界でもかなり低い数字である。

②単身世帯は増加しつつあるが、一方で三世代同居率（祖父母・父母・子）はあまり変わらず相対的に高いという多様な状況にあること。

③高齢者（六五歳以上）と子の同居比率はかなり高いこと。

なお、日本では一人暮らしの高齢者は男性一一・一%、女性二〇・三%であり、配偶者、子どもあるいは孫との同居は二六・八%、配偶者のみと同居は三〇%である（二〇一〇年）【1】。子どもと同居する高齢者がシンガポールに多いのは、持ち家率が高いことと、「高齢者は家族が面倒を見るべき」という政府の方針によるものといえよう。持ち家率と高齢者の介護については後述する。なお、東南アジアのなかでもシンガポールは子どもと暮らす高齢者の割合がかなり高い国である［Natividad 2008: 164］。

本章は、シンガポール政府の家族への介入はどのように行われ、どのように変遷してきたのか、国民はそれをどのように受容あるいは反発したのかを分析することを目的とする。同時に、日本同様に少子高齢化が深刻な問題になりつつあるシンガポールでは、高齢者の介護や育児は誰がどのように担っているのか、市場化はどのくらい進んでいるのかという実態も併せて考察する。

第一節　作られる「家族のかたち」

1．政府の家族計画の変遷

(1)一九六五年〜七九年：女性の経済的動員と「小さな家族」

シンガポールは一九六五年八月にマレーシアから分離・独立し、単独の共和国となったが、当時のシンガポールをめぐる国際関係と国内情勢は、きわめて緊迫したものであった。人口の七四％を華人が占める（他は、マレー系一四％、インド系九％など）シンガポールは、マレー系が人口の多数を占める近隣諸国とは全く異質であり、また中国本土と東南アジア各国在住の華僑・華人との関連で、近隣諸国から「第三の中国」と見なされがちであった。特にマレーシアやインドネシアのように国内にマレー系と華人との深刻な対立を抱える国の場合には、それがシンガポールとの関係に跳ね返ってくることは避けられなかった。マレーシアからの分離・独立の主要な原因は、まさにこの民族対立だったのである。

したがって政府は、隣国との摩擦や対立を抑え、かつ国内の華人、マレー系、インド系という主要な三つの民族の

図表２　女性（市民と永住権保持者、15歳以上）の労働化率　　単位：％

	1966年	1990年	2018年
15～24歳	31.3	76.7	38.6
25～34歳	23.6	76.2	87.2
35～44歳	20.3	62.5	81.4
45～54歳	22.3	43.6	74.8
55～64歳	21.2	19.2	56.1
全　体	25.3	48.8	60.2

出典：Department of Statistics Singapore, *Yearbook of Statistics Singapore* 各年版より筆者算出。

間で紛争が起こらないようにするためにも、強力な国家主導型の政治を行った。国家の生存と安定が何よりも優先され、国民の政治活動には極端な制限が課されていった。同時に、経済発展をすることも必須だった。経済的成功がなければ、国民の支持をつなぎとめることができないからである。

政府は独立直後に外資を主力とする輸出指向型工業化政策を発表した。労働集約型産業で先進国市場に参入することを意図したのである。一九六八年には一連の外資優遇措置が決定し、本格的な投資環境の法的整備が行われた。また、天然資源を持たない都市国家であるために、唯一の資源である国内労働力の量的・質的向上も必須となった。一九六六年の女性全体の労働化率は二五・三％でしかなく（図表2を参照）、女性の多くがいまだ家庭にとどまっていたが、一九九〇年には四八・八％と急増した。特に二五～三四歳、三五～四四歳の労働化率の伸びは著しい。

このような女性の労働化率の急増を促したのは、第一に、教育機関の拡充と教育の奨励である。工業専門学校や政府の技術訓練所にも女性の入学が奨励され、高等教育を受ける女性も急増した。シンガポール国立大学の入学者に占める女性も急増し、同大学の入学者に占める女性の割合は一九八二年には男性をわずかながら上回った〔*The Sunday Times*, February 21, 1993〕。一九七五年、国際婦人年を記念して開催された全国労働組合評議会主催のセミナーで、リー・クアンユー（Lee Kuan Yew）初代首相（独立から一九九〇年まで首相、その後も上級相、顧問相として内閣に留まり二〇一一年に引退、二〇一五年三月死去）は、女性の教育機会増大と経済進出を歓迎して、「女性であるという理由で人口の半分を教育

写真１　市民と永住者の 80%が居住する公共住宅団地
（2016 年シンガポールにて筆者撮影）

せず、また活用しない社会に未来はない。（中略）我々は女性に教育を与え、その能力を十分に活用する」と述べている［Wee 1987: 9］。

第二はこの時期の「夫婦と子ども二人」を理想とする、いわば「小さな家族」を目指す政府の家族計画である［田村一九九九：六二］。シンガポールの人口は一九五七年の一四五万人から七〇年には二〇七万人に増加し、その半数は二〇歳以下の若者であった。政府は増え続ける人口を抑制すべく「子どもは二人まで」という少子化計画を打ち出した。まず、一九六八年雇用法において出産前後の有給休暇は三人目までしか認めないこと（それ以前は子どもの数に関わりなく認めていた）とし、さらに一九七三年からは二人目までとした。加えて、第三子以上を出産すればするほど出産費用が割高になり、かつ増税されることになった。また、一九六九年には中絶手術と不妊手術が合法化された。同時に、「男の子でも女の子でも二人で十分」「女の子二人で十分幸せ」というポスターを使って、華人社会とインド系社会に根強い「男児信仰」が国家にとって弊害であることを強く訴えた。

さらに、新婚に加えて、子どもがいない、もしくは子どもが二人以下の夫婦も一九六八年から新築の公共住宅の購入申し込みができるようになった［Straughan 2015: 62］。

なお、シンガポールでは市民と永住権保持者の約八〇%は政府の管理下にある公共住宅団地に住む。より値段の高いコンドミニアム（民間マンション）か土地付き一戸建て住宅を購入しない限り、人々は公共住宅に住まなければならず、他の選択肢はない。また分譲が原則で、賃貸できるのは一定以下の低所得者のみである。したがって、公共住宅を購入するというのは、人々にとってマイホームを手に入れるための人生で最も大切な選択の一つとなる。

「小さな家族」はすぐに現実となり、TFRは一九六六年の四・六二人から八〇年には一・七四人と急速に低下し、核家族の割合は一九七〇年の七一・五％から一九八〇年には七八％、一九九〇年には八五・一％となった［Quah 1993: 59］。移民社会シンガポールでは核家族が一般的であったが、その傾向を「小さな家族」を目指す政府の政策が加速させたと言えよう。

⑵一九七九年～八六年：産業構造の転換と大卒女性の多産奨励策

一九七九年シンガポール政府は「第二次産業革命」と称される大胆な産業構造の高度化計画に着手した。これは、従来の労働集約型産業から高度な技術を要する資本・知識集約型産業へ移行し、シンガポールを東南アジアにおける高度な技術・金融サービスのハブとするための積極的な戦略である。この戦略を推進するために熟練労働者の量と質の向上が不可欠とされ、第二次産業革命と時を同じくして、優秀な人材を合理的に無駄なく養成するためのエリート主義的教育（新教育政策）が開始された。さらに、優秀な人材を先天的・遺伝的に確保するための大胆な政策も始まった。それが大卒女性の多産奨励策である。

なぜ大卒女性のみの多産奨励なのか。それは「小さな家族」政策による出生率の低下が、高学歴女性にとくに著しかったからである。図表3に示すように、既婚女

図表3　教育程度別の合計特殊出生率（TFR）の推移　単位：人

	1970 年	1980 年	1990 年
女性全体	3.10	1.74	1.83
既婚女性	4.0	3.4	2.0
【教育程度別】			
初等教育未満	4.8	4.3	4.6
初等教育修了	3.4	2.3	2.4
中等教育修了	2.2	1.6	1.6
大卒以上	1.9	1.6	1.4

出典：Department of Statistics Singapore (1990: 10), Quah (1993: 55) より筆者作成。

性の出生率を教育程度別にみると、初等教育未満は平均を上回る子どもを産んでいるが、教育程度が上がるにつれて子どもの数は少なくなり、大卒以上は二人に満たない。

もっとも教育程度が上がれば子どもの数が少なくなるのは、シンガポールに限ったことではない。しかし、このような教育程度による露骨な差別的政策が開始されたのは、初代首相として建国の父として強い影響力を有するリー・クアンユー初代首相が優生学的思想の持ち主だったからで、また、父親ではなく母親の学歴に限定したのは、リー初代首相によれば、「男は自分よりも学歴の低い女性を妻にするが、学歴の高い女性は自分と同等あるいはそれ以上の学歴を持つ男性と結婚するから」[Han *et al.* 2011: 200]である。

一九八三年から大卒以上の女性に、出産や子どもの病気の看病に際して有給休暇や税金の払い戻し等の優遇政策が行われることが発表された。同時に、一九八四年になると世帯収入が低く、かつ初等教育以下の学歴の女性には、第一子もしくは第二子出産後の避妊手術を奨励し、同意すれば一万シンガポールドル（以下Sドル、一Sドルの現在のレートは約八〇円）の手当てを支給することも発表された[Saw 2016: 143-153]。さらに政府内に社会開発部を新設して、大卒の独身女性に高学歴の相手を紹介する事業が始まった。また、中等教育以下の男女が知り合う機会を作るための部局も作られた。

このように大卒女性には多産を奨励し低学歴女性には避妊を奨励するという一連の政策は、「子どもは二人まで」というこれまでの「小さな家族」政策の転換であるが、その是非をめぐって全国的に「結婚大論争」と呼ばれる大きな議論を引き起こした。新聞には賛否両論の意見が寄せられたが、政府の予想に反して否定的な意見が多数を占め、この政策によって最も恩恵を受けるはずの大卒女性からも反対の意見が寄せられた。

一九八四年一二月の総選挙で、それまで七〇％以上の得票率を誇っていた与党人民行動党は国会の全議席中二議席を失い、得票率は前回（八〇年）を一二・六％も下回ったのは、この結婚大論争が原因と見なされている[田村二〇〇四：一三一～一三二]。総選挙後、この政策は廃止された。

⑶一九八七年～現在：「産めよ、増やせよ」

大卒女性に限っての多産奨励策が失敗に終わった後の一九八七年、シンガポールの家族計画は「子どもは三人が理想、経済的に余裕があれば四人以上」という政策に全面的に転換した。一九八七年からの理想とする「家族のかたち」は、「夫婦と三人以上の子ども」となった。これは熟練労働者のさらなる量的拡大という経済事情の他に、六五歳以上が人口に占める割合は一九八五年に七・八％［ST, July 24, 1986］となり高齢化が深刻な問題として議論され始めたからである。

政府は、これまで第三子以上に課していた様々な規制を撤廃しただけでなく、三人以上出産すると最高で二万Sドルの所得税の還付や広い間取りの公共住宅を優先的に割り当てることを決定した。託児所の拡充も優先事項とされ、仕事を持つ母親および父親しかいない世帯が託児所を利用すると各種の補助金が支給されるようになった。一方で、低所得家庭の子どもほど学校でドロップアウトしがちなことに配慮して、一定以下の収入で母親の学歴が低い世帯には、養育費として年間八〇〇Sドルを二〇年間貸与することも発表された。これらを盛り込んだ一九八七年度予算は「赤ちゃん予算」と言われている［Saw 2016: 188-191］。

この「産めよ、増やせよ」政策は二〇〇〇年代になるとさらに加速した。二〇〇一年には出産祝い金として現金が支給される政策（ベビー・ボーナス）が始まり、その後、数年ごとに改定されて三人目、四人目と多く出産するほど祝い金が増額されるようになった。また、仕事を持つ女性が一二歳以下の子どもを祖父母に預ける場合、祖父母は税の控除が受けられるなど、祖父母が孫の面倒をみることも奨励された。

出産だけでなく、未婚者への結婚の奨励もさらに活発となった。結婚相手を紹介する学歴別の二つの部局は二〇〇九年に統合されて、学歴に関係なく相手を紹介する社会開発ネットワーク部となり、この部署を管轄する社会・家族開発省ではパートナー探しのパーティの主催や、結婚と出産が素晴らしいことを宣伝するチラシやパンフレットの配布などが行われるようになった。【2】また、結婚と同時に公共住宅を申し込むと、購入に際して政府から補助金を受けることができるようになったが、後述するように、三年以内に離婚すると補助金は返還しなければならない。これは離婚を思いとどまらせるためである。一方で、独身であることがいかに空しく、寂しいものかを強調するテレビCMが流され、関連するチラシが配布されるようになった［Lazar 1999: 152-153］。

しかしながら、この「産めよ、増やせよ」政策への転換は奏功しているとは言い難い。図表1と図表3に示したように、TFRは一九九〇年の一・八三人から二〇〇〇年には一・六人まで下がり、シンガポールは世界で最も少子化が進んでいる国の一つとなった。なぜ子どもの数が増えないのか。それは、女性にはよき労働者として国家の発展を担うことが期待される一方で、「産めよ、増やせよ」政策の下、家事・育児・介護は女性が負うのは当然というジェンダー規範が根強いためである。小学校の男女共通科目であった技術科目が、「女の子は女の子であり、それゆえ将来の妻として母として労働者として訓練されなければならない」という理由で、一九八五年から男子のみの科目となり、女子は家庭科が必修となった［*ST*, September 4, 1984］。それだけではない。「家長は男であるから」という理由で女性公務員の扶養家族は被扶養者医療費優遇が受けられず、「女医は家庭があるために勤続年数が短くなるから」という理由で、シンガポール国立大学医学部の女性入学者は入学者全体の三三％以下という規定があるなど、伝統的・封建的な考え方による女性差別は長い間そのままになっていた。

これらの女性差別的政策は、一九九〇年代の世界的なジェンダー主流化の流れ（すべての分野の政策、プログラムの立案、策定、実施、評価にジェンダーの視点を組織的・制度的に組み込むこと、女性の意思決定への参加を促進すること）がシンガポールでも定着したことや民主化の進展などによって見直されるようになり、次々と廃止された［田村二〇二〇：二七一〜

二七四］。ただ、子どもの数は減り続け、世帯当たりの人口は徐々にではあるが減少の一途を辿っている。さらに、未婚者の増加も著しい（図表1を参照）。

では、シンガポール人はもはや結婚や出産を望まないのかと言えばそうではない。二〇一六年に実施された総理府の調査によれば、二一歳から三五歳までの未婚者（対象は二九四〇人）の八三%が結婚を望み、既婚者（対象は二八六一人）の九二%が二人以上の子どもが欲しいと答えている。つまり、未婚者の結婚願望はかなり強く、また既婚者のほとんどが二人以上の子どもを持ちたいと望んでいて、この傾向は二〇〇四年、二〇〇七年、二〇一二年の調査結果とあまり変わっていない【3】。結婚願望が強いにもかかわらず結婚しないのは、「自身が高い教育と経済力をつけるまで結婚を先延ばししたい」、子どもについては「長時間労働のストレスのために子育てを考えられない」、特に女性の場合は「子どもの世話は母親の役割と考えられているため、父親の家事育児の時間が母親の半分以下でしかなく、母親の負担が大きい」からというのが理由である［Jones *et al* 2012: 733, Sun 2012: 69-75］。

実際、性別役割分担意識は未だに根強い。二〇一七年の政府調査によれば、離職した理由を「家事・育児・介護の負担」と回答した人の九八・五%は女性であった［AWARE 2018: 7］。

2．高齢者の増加と家族介護

結婚や出産は先延ばしする、あるいは結婚しない、出産しないという選択をすることはできる。だが、親の介護はほとんどの人が必ず直面する。シンガポールでは六五歳以上の高齢者が人口に占める割合は二〇〇二年には七・八%であったが、二〇一四年には一一・七%（図表1参照）、二〇三〇年には約二五%になると予想されているが［Ministry of Health 2012］、政府の高齢者政策の基本は「まず個人の自立を促すこと、支援の担い手として絆の強い家族を育成すること」であり、高齢者の介護は家族が担うべきという「家族主義型福祉レジーム」［田村二〇一九：六八〜九三］が選択されている。

もっともすでに述べたように独立直後、政府は新婚の夫婦に公共住宅を優先的に割り当てることを開始し、親世代からの別居を促進するなど、核家族化を奨励する政策を行っていた。蔵相や防衛相、教育相など政府の要職を歴任した政界の重鎮は、「拡大家族は経済発展にとって障害となる。自分が働いて得た報酬を多くの家族と分かち合わねばならないからである」（一九七二年）と述べていた［Teo 2011: 30］。だが急速な高齢化の進展によって、政府の政策は一転、高齢者の介護を家族が担うことを奨励するようになった。高齢化の進展によって、政府が理想とし強化しようとしている「家族のかたち」に、親との同居と介護というもう一つの要素が加わったと言えよう。

一九九五年には経済的自立が困難になった親が子どもに経済的支援を求めることができるという両親扶養法（Maintenance of Parents Act）が施行され、親孝行が義務化された。法の施行後、子どもから十分な支援を受けることができないとして親が裁判所に訴えた件数は年に一〇〇件から二〇〇件あるものの、そのほとんどは話し合いで解決している。なお、二〇一九年の訴訟件数は一四三件であった。【4】

二〇〇一年に「高齢者介護のマスタープラン二〇〇一〜二〇〇五年（*Eldercare: Master Plan 2001 ~ 2005*）」［Ministry of Community Development, Youth and Sports 2001: 8］が策定され、以下のような高齢者介護の理念が明記された。

①高齢者はできる限り健康で活動的に過ごし、個人はみな老後に備えて責任と計画を持つ（Active Ageing）。
②家族が高齢者介護の重要な第一の担い手である（Ageing in Place）。
③支援は宗教団体、ボランティアの慈善団体、草の根組織、自助団体などコミュニティの「多くの支援の手（many helping hands）」によってなされる。

④国家は、個人、家族、コミュニティがそれぞれの役割を果たすための仲介者もしくは助言者の役割を果たす。

二〇〇六年に策定された政府の「高齢者人口に関する報告書（*Report on the Ageing Population*）」［Committee on Ageing Issues 2006: 11］には、「家族のサイズが小さくなり、独身者も増加しているために家族を介護の第一の担い手とすることは困難になるだろう」と家族介護の問題点が指摘されているものの、「担い手である家族の役割を維持・強化する施策を見つけなければならない」と改めて明記し、①から④が政府の方針であることを確認した。この方針はその後も変わっていない。

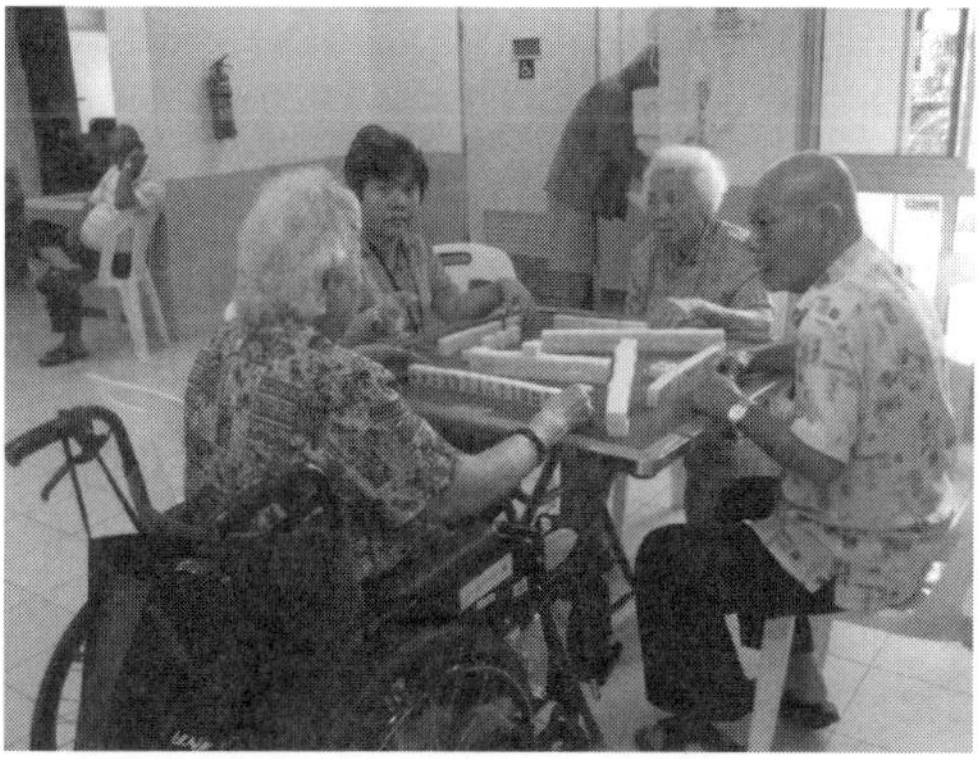
写真２　療養老人ホームでスタッフとマージャンに興じる高齢者（2014年シンガポールにて筆者撮影）

「家族が高齢者介護の担い手である」という考え方の下、政府の資金補助を受ける介護施設の数はとても少ない[5]。介護施設には、看護と日常生活の介助を受けることができる療養老人ホームや、ある程度日常生活はできるが全く身寄りがない、もしくは家族と疎遠になってしまった低所得者が対象の養護老人ホームなどがあるが、私立を含めてすべての施設の全ベッド数は一万床ほどと少なく、介護が必要な高齢者の三％ほどしか入所していない。また入所には厳しい条件が課されている。療養老人ホームの場合、①脳卒中や認知症、その他の慢性的な病気によって身体的精神的に大きな障害を負った者、②車椅子もしくは寝たきりで、日常生活に介助が必要な者、③外国人ケア労働者やディケア・センター、在宅看護などあらゆる介護の方法を試みたが入所以外の方法がない者、④家庭や地域で介護できる人がいない者、⑤入所者および家族が有する資産・収入調査に合格した（つまり、一定以下の所得しかないことが証明された）者である。

なお、ディケア・センターとは、高齢者が娯楽や運動、リハビリ、ボランティアとの交流などをして一日を過ごす施設で、利用には大きな制限はない。介護施設に入所あるいはセンターを利用できるのは、六〇歳以上の高齢者である。

このように高齢者介護施設の入所には厳しい制限を付ける一方で、家族介護がしやすいように、親と同居する子ども夫婦が新築や中古の公共住宅を購入する場合は優先的に希望の場所や物件を選ぶことができ、補助金や税の優遇措置を受けることができるといった優遇措置を設けている［Committee on Ageing Issues 2006: 74-75］。

また、高齢者の雇用を促進するための「退職と再雇用法」が二〇一一年に制定され、六二歳の定年を過ぎても六五歳まではケースバイケースで雇用を継続することを雇用者に義務づけた。高齢者に少しでも長く働いてもらい、家族や政府の負担を減らすことが目的である。

第二節 「疲弊する家族」への対応

1.「家族の価値」

すでに述べたように、政府は現在、シンガポール人にたくさんの子どもを産むこと、加えて高齢の親を同居あるいは近隣居住して介護することを奨励している。しかしながら、少子化は止まらず、急速に進む高齢化は「家族主義型福祉レジーム」の有効性に大きな疑問を投げかけている。平均寿命は医療技術と生活環境の向上によって、二〇一六年には世界第三位の八三・二歳まで延びた［*ST*, Oct 17, 2018］。今後ますます増加するだろう長期的な介護やリハビリが必要な病弱な高齢者を家族だけで介護しながら、三人以上の子どもを育てるなどという生活は、家族を疲労させる。

しかし、人々は政府が掲げる「家族のかたち」に声を上げにくい状況にある。それは、一九九四年政府が、①愛・ケア・関心、②相互信頼、③親孝行、④コミットメント、⑤コミュニケーション、という五つの「家族の価値」を発表し［田村二〇二〇：二七〇］、大々的に宣伝してきたからである。家族・社会開発省下に二〇〇六年に設置された全国家族評議会は、「よりよい地域社会と個人の幸福のために強靭な絆を持つ家族を作る」という目的のため、夫婦間のトラブル、子育て、再就職などの相談に乗り、また様々な政府補助金の窓口を紹介するなどの業務を行っている。さらに評議会は二〇一三年、①私たちシンガポール人は強靭で幸せな家族を作ることを誓う、②結婚とは夫と妻との間の約束である、③子どもを育てる責任を持ち、高齢者を敬う、④それぞれの家族の成員の役割を尊重する、⑤家族は生活の基盤であり、社会の基盤であることを確認する、という五つからなる「家族の誓い」を発表した［*ST*, July 30, 2013］。ただ、この「家族の誓い」は次節で述べる性的マイノリティの権利獲得運動の盛り上がりによって批判され、あまり宣伝されなくなった。

なお、評議会の名称は二〇一四年に「ずっと家族（Families for Life）」に変わった【6】。

2．外国人ケア労働者

政府は一方で、一九七八年という早い時期に「外国人メイド計画」を策定、外国人ケア労働者（シンガポールではメイドと呼ばれる）の導入を決定した。公的育児や介護施設という公的サービスの充実ではなく、政府は近隣の相対的に貧しい国の女性に家事や育児、介護労働を担わせ、シンガポール女性の労働市場進出を可能にしようとしたのである。一九八七年には約二万人だった外国人ケア労働者は、二〇一九には約二六万人と急増、今や四・五世帯に一世帯はケ

写真3　休日にショッピングセンター横の広場に集まっておしゃべりや食事を楽しむフィリピン人のケア労働者（2019年シンガポールにて筆者撮影）

ア労働者を雇用していることになる。これは「産めよ、増やせよ」政策の下、シンガポール人は三人以上の子どもを産み育てることが奨励されていることに加え、親の介護も義務づけられたからである。

ケア労働者のほとんどはインドネシア人とフィリピン人、他にスリランカ人やミャンマー人で、その月収は平均六七二Sドル（最低五四〇Sドルから最高八〇〇Sドル）［AWARE 2020: 8］である。なお、家事、育児、介護は女性の仕事というジェンダー規範のために、外国人ケア労働者はすべて女性でなければならない。彼女らはシンガポール人との結婚が禁止され、六カ月ごとに妊娠検査があり、妊娠がわかると強制送還されるなど、シンガポールへの定着を防ぐ措置が取られている。また、労働時間や仕事の種類は各家庭によって異なるという理由で、ケア労働者は雇用法の適用外であり、労働時間や種類はそれぞれ個別に、あるいはあっ旋業者を通して雇用主と契約を結ぶ。最低賃金や労働条件の基準は存在しない。雇用者は週に一日の休みを認めることになっているが、ケア労働者が同意すれば、一日分に相当する給与を払って休日を返上することができる。

もっとも誰でも外国人ケア労働者を雇用できるわけではなく、「既婚者で子どもがいる、もしくは介護の必要な高齢者もしくは障害者と同居している」ことが条件とされる[7]。さらに雇用主に一定以上の収入がなければ彼女たちを雇えない。契約時に政府に雇用保証金（契約終了時に戻ってくる）五〇〇〇Sドルを支払い、雇用税を毎月収め、万が一の事故に備えて保険を購入し、住み込みが原則なので食事と寝起きする場所を与えなければならないからである。ただ、高齢者や一二歳以下の子どもがいる家庭の雇用税は三分の一に減額され、同時に政府補助金も受け取ることができるなど、ケア労働者を雇用しやすくなっている。これは、高齢者や子どもの世話にはケア労働者が欠かせないことを政府が認めているためで、今や仕事と子育て、親の介護に追われて疲労する家族のいわば「助っ人」として不可欠な存在となっている。雇用者は、「家庭内に住み込んでいる他人」が子どもや親を介護するなら家族が介護するのと変わらないと考えているのであろうし、特に親の介護については、すでに述べたように、高齢者介護施設の数が少なく入所条件も限られているからである。なお、シンガポールの入所型介護施設で働く職員の五〇〜八〇％は外国人で、ディケア施設では一〇〜一五％ほどである。家庭での高齢者介護も施設での介護も、現場は外国人によって担われていると言っても過言ではない。

3．ヘルスケア二〇二〇マスタープラン

これまで社会保障費への支出を最低限に抑えてきたシンガポールであったが、近年、社会福祉や高齢者介護政策を大幅に見直し始めた。これは貧弱な社会福祉が争点の一つであった二〇一一年総選挙で政府与党の支持率が大きく下落したためである。

二〇一三年三月保健省は二〇二〇年までの保健医療計画「ヘルスケア二〇二〇マスタープラン（*Healthcare 2020 Mater Plan*）」を発表した［Ministry of Health 2012］。マスタープランは、①シンガポール人が必要なときにいつでも医療や介護施設を利用できるようにすること、②医療インフラの拡充を行うこと、③施設利用の政府補助を拡大して支払可能な利用料金にすること、という三つが柱で、政府の医療支出を大幅に増額して、拠点病院や地域病院や高齢者介護施設

の増設、外国人ケア労働者雇用税の引き下げ、外国人ケア労働者を雇用している家庭への優遇措置の拡大も発表された。これらの措置によって、介護が必要な高齢者を抱える世帯の約三分の二が何らかの補助を受けられることになった。

ただ、マスタープランにおいても、外国人ケア労働者雇用への優遇措置が講じられているように、高齢者の日常の介護を担うのは外国人ケア労働者であり続けると政府は認識している。家族はすでに高齢者介護の重要な第一の担い手ではなくなりつつあるにもかかわらず、「家族主義型福祉レジーム」を維持しようとする矛盾によって、シンガポールの家族、特に女性の疲労は今後ますます大きくなると言えるかもしれない。

第三節　新しい「家族のかたち」？

1．排除される理想の「家族のかたち」以外の家族

すでに述べたように、シンガポール政府は「異性の二人が結婚、複数の子どもを持ち、親と同居あるいは近隣居住して介護する」という理想的な「家族のかたち」を決め、その家族に対して補助金や優遇措置を与える政策を取ってきた。その理想以外の、未婚者やシングルマザーへの支援は限定的か、全くなされてこなかった。

未婚者は二〇〇四年まで三五歳にならないと公共住宅を申し込むことができなかったし、「産めよ、増やせよ」政策で出産祝い金を貰え、税の優遇措置を受けられるのは、現在でも合法的に結婚した母親である。シングルマザーに出産・育児休暇が認められたのは二〇一三年になってからで、その休暇期間は通常の半分しかない。小学校入学時の書類には「父親の署名」も必要であるため、「理解ある」校長のいる小学校以外では、シングルマザーの子どもは入

学希望者リストの下の方に入れられるために希望する小学校に入学できないケースも報告され、シングルマザーは「精神的に罰せられる存在」とまで言われている［Teo 2011: 53］。離婚のハードルも高い。離婚申請をするまでにカップルは少なくとも三年間別居していたことを証明しなければならず、政府補助金を使って公共住宅を購入した新婚カップルは三年以内に離婚すると政府補助金を返却しなければならない。

さらに、国立図書館の本にまで政府は介入した。二〇一四年国立図書館は子ども向けコーナーに配架されていた三冊の絵本の配架を中止した［*ST*, July 9, 2014］。これらは同性カップルのペンギンが親と離れてしまった子どもを協力して育てるなど、家族とは何か、親と子のつながりとは何かを問う絵本（写真4）であったが、「来館者が不快に思う本は配架できない」［*ST*, July 9, 2014］という図書館の見解には政府の意向が反映されていると考えざるを得ない。なお、絵本が子どもにふさわしいかどうかを問う多数の投書を踏まえて、三冊のうち二冊は成人向けコーナーに置かれることになった。

写真4　子ども向けコーナーでの配架が中止された絵本の1冊 *And Tango Makes Three*、この本は『タンタンタンゴはパパふたり』という題で邦訳も出版されている

もっとも、政府が理想とする「家族のかたち」以外の家族は確実に増加している。女性が世帯主という世帯は一九九〇年の一六・七％から二〇一九年には二八・〇％に【8】、一人暮らし世帯も二〇一四年には一一・二％に増加（図表1）、一人親世帯も二〇〇〇年以来約七％で推移しており（図表1）、養子と暮らす世帯も少なくない。それにもかかわらず、未婚、シングルマザー、同棲、同性カップルを制度的に排除する政策を採り続けていること、図書館の絵

本にまで介入する政府の姿勢が家族の定義を狭くしてしまい、若者が家族を作ろうとしない大きな要因の一つになっているのだろう。

2.「多様な愛のかたち」の祝福

一方で、政府が理想とする「家族のかたち」にとらわれずに、多様な愛のかたちを祝福しようという運動も盛んになりつつある。これは男性どうしの性行為を違法とする刑法三七七条A項の改正問題をきっかけに始まった。

植民地宗主国イギリスは、シンガポールに生殖目的ではない性行為を禁止する刑法三七七条と男性どうしの性行為を禁止する三七七条A項などを適用し、独立後もシンガポールはこれらの刑法を廃止しなかった。一九八〇年代になると、シンガポール政府はＨＩＶ／ＡＩＤＳ流行への不安のためにセクシュアリティの統制や監視を強化しはじめ、子どもを産まない同性カップルは「家族の価値」を共有しない社会の不安定要因と見なした。ゲイ、レズビアン、バイセクシュアル、トランスジェンダーなどの性的マイノリティは公務員に採用されず、同性愛をテーマとするテレビ番組、映画や演劇には（シンガポールで開催される国際映画祭で上映される場合を除いて）厳しい検閲と制限が課された。警察はおとり捜査を頻繁に行い、逮捕された人は氏名、年齢、職業、顔写真入りで大々的に報道された［Au 2009: 400］。

政府は二〇〇六年に入ると刑法三七七条の見直しに着手した。一九六〇年代後半に欧米で始まった性的マイノリティの権利擁護運動が一九九〇年前後にはアジア各地にも広がり、世界的な潮流となりつつあったこと、イギリス（一九六七年）に続いて、香港（一九九一年）、オーストラリア（一九九七年）など旧イギリス植民地が次々と三七七条を廃止していたことも、見直しを後押しした。だが、二〇〇六年一一月、三七七条は「死体との性交の禁止」に、三七七条B項は「動物との性交の禁止」に改正されたものの、A項だけはそのまま残った。

その直後からネット上には「なぜ三七七条A項を残すのか」という書き込みがあふれ、A項も廃止するよう求めるフォーラムやキャンペーン、是非を問うネット上の投票が行われるなど、三七七条A項の廃止を求める動きが一挙に高まった。二〇〇七年一〇月には国会でも三七七条A項をめぐる議論が行われ、賛成多数によってA項は残されることになった［Tamura-Tsuji 2022 Forthcoming］。なお、本章冒頭で紹介した首相の演説はこの時の国会の議論を締めくくる演説である。

写真5　2017年ピンクドット集会（2017年シンガポールにて筆者撮影）

A項廃止を求める人々は、「愛する自由（Freedom to Love）」を掲げて多くの人が自由に集まることを提案した野外イベントを開始した［Chua 2014: 125］。イベント会場となったのは都心にある公園のスピーカーズ・コーナーで、シンガポールで唯一届出だけで野外集会が認められている場所である。二〇〇九年の第一回に集った人々は二五〇〇人、ピンクのシャツを着て、ピンクのバッグや傘、風船を持ち、親子や兄弟姉妹、恋人どうしなどの多様な愛のあり方を称えた。なお、ピンクは元来ナチスの同性愛者虐殺に由来する同性愛者のシンボルカラーであり、ピンクドットはシンガポールの国旗の色（赤と白）を混ぜた色として、シンガポールに住む多様な人々の共生という積極的な意味もピンクに込めた【9】。

ピンクドットには二〇一三年に二万人、二〇一五年には二万八〇〇〇人が集まり、会場は人であふれかえった。ピンクドットが短期間にこのように拡大したのは、「性的マイノリティが社会から受け入れられている」（主催者）だけではなく、ピンクドットが掲げた「多様な愛のあり方を称える」という方針によって異性愛支持者からの異論や反対が出にくくなり、イベントに対立がもちこまれることはなくなったからである。加えて、「ピンクはシンガポールの国旗の色」と主張したため、ピンクドットは反政府的イベントでなく愛国主義的なイベントになった。だからこそ、政府が理想とする「家族のかたち」以外の家族を求める人々や狭い家族の定義に縛られたくないという若者も含めて、多様な人々が安心して参加したのである。また、ピンクドットの拡大とともに、いくつかの大手外資系企業が支援をしはじめ、二〇一五年には一五社が、二〇一六年には全部で一八社もの企業がピンクドットを支援した［*Today*, June 4, 2016］。これらの企業は社員のイベントへの参加も積極的に呼びかけた。

一方、「異性どうしの結婚と『自然な家庭』」を守ろうとするキリスト教会やムスリム団体の活動も盛んになったため、政府はピンクドットもピンクドットに反対する運動も両方を抑えこむ方針を打ち出した。もっとも、シンガポールで唯一の野外集会が認められている公園の一角を埋め尽くすほどの大きなイベントを開催できるのはピンクドットだけであり、子どもを産まない同性カップルを「家族の価値」を共有しない社会的不安定要因とみなす政府にとって、潜在的に大きな脅威である。したがって政府は、実質的にはピンクドットの運動を抑え込もうとしている。二〇一六年には野外集会が認められている公園のイベントには外国人の参加や外国企業の支援を禁止するという新たな規制を設けて［*ST*, October 21, 2016］、ピンクドットの規模の縮小を狙ったのである。ただ、このような規制にかかわらず、二〇一七年ピンクドットには地元企業一〇〇社が支援をし、二万人の市民と永住権保持者が集まって会場を埋め尽くした。

おわりに

シンガポール政府が理想とする「家族のかたち」は、「男女のカップルが合法的に結婚して三人以上の子どもを持ち、さらに高齢の親を同居あるいは近隣居住して介護する家族」である。しかし、長期的な介護やリハビリを必要とする病弱な高齢者を介護しながら三人以上の子どもを育てるという生活は、「家事や育児は女性の仕事」という根強く残る伝統的・封建的な考え方ゆえに女性を疲れさせ、女性の多くは母親になることの不安のために結婚を躊躇している。一方で、未婚者や子どもを産まないカップルの増加、同棲の容認、【10】さらにはゲイ、レズビアン、バイセクシュアル、トランスジェンダーなどの性的マイノリティの存在とその法的権利拡大を認める人々が増加するなど、政府が理想とする「家族のかたち」以外の家族形態とそれを許容する人々が増えている。

少子化に歯止めをかけるためには、「結婚し、子どもを持つことは素晴らしい」という宣伝や結婚の奨励、出産への金銭的支援だけではあまり効果はなく、政府にはフレックスワークなどの柔軟な勤務制度を積極的に導入して長時間労働のストレスと疲労から国民を解放し、娘や母、嫁という役割に女性を縛り付けようとする家父長的な規範を変える施策を積極的に進めることが求められているのだろう。

最後に、二〇二〇年初頭からの新型コロナウイルス感染拡大がシンガポールの家族に与えた影響についても触れなければならないだろう。政府は感染拡大を抑え込むために、二〇二〇年四月七日から六月一日までサーキットブレーカーと称する国家全体のロックダウン（封鎖）を行った。医療関係や食糧品などの生活に必要不可欠な業種に従事する人以外は原則テレワークが義務づけられ、学校はすべてオンライン授業、許可なく外出することも禁止された。

このような異常事態のなかで、まず子どもを産まない選択をする人が増えた。二〇二〇年のＴＦＲは一・一人と過去最低を記録した［ST, February 26, 2021］。第二に、家庭内での女性と子どもに対する暴力が増加した。警察が扱った家庭内暴力事件は二〇二〇年四月七日から五月六日の一カ月間で四七六件、これまでの月平均三八九件を二二％も上回った［ST, May 15, 2020］。政府は警察やソーシャルワーカーとの連絡を密にして、家庭内暴力防止のための監視を強化する、被害者支援団体との連絡を取りやすくするなどの対策を取っている。

第三に、住み込みで働く外国人ケア労働者に対する虐待も深刻な問題となった。外国人ケア労働者への虐待は一九九〇年代に相次いで起こったが、一九九八年に刑法が改正され、虐待者には重い懲役と罰金などが科されるようになっただけではなく、雇用者向けのガイドブックを作成するなど、政府は労働環境の改善に取り組んだ。そのため近年は虐待事件が減少していたのだが、コロナ禍において二〇二〇年一一月にインドネシア人ケア労働者が度重なる虐待に耐えかねて飛び降り自殺をし［ST, November 8, 2020］、二〇二一年二月にはミャンマー人ケア労働者が拷問の末に餓死させられる［ST, February 23, 2021］という深刻で陰惨な事件が目立つようになった。二〇二一年四月、政府の係官がケア労働者を雇用している家庭を無作為に選んで月二〇〇件ほど訪問し、労働環境についてケア労働者と雇用者に直接話を聞くことが発表された。調査は一一月まで続けられ、虐待が認められる場合は警察が介入するという［ST, April 26, 2021］。

このような家庭内暴力を防ぐためにも、「家庭内弱者」になりやすい女性や子ども、さらにはケア労働者を守るための取り組み、すなわち、男性主導の家父長的な規範を変えることを含めた「家庭内弱者」が生まれにくい環境の整備が求められている。

【注】

【1】内閣府［二〇一三］『平成二五年度版高齢社会白書』http://www8.cao.go.jp/kourei/whitepaper/w-2013/gaiyou/index.html#container（二〇一五年二月五日アクセス）

【2】Ministry of Social and Family Development, "Family Development and Support" https://www.msf.gov.sg/about-MSF/our-people/Divisions-at-MSF/Family-Development-and-Support/Pages/default.aspx （二〇二〇年七月二〇日アクセス）
【3】Prime Minister's Office, "Key Findings From Marriage and Parenthood Survey" https://www.strategygroup.gov.sg/media-centre/press-releases/article/details/key-findings-from-marriage-and-parenthood-survey-2016 （二〇二〇年三月一五日アクセス）
【4】Ministry of Social and Family Development, "Number of Cases with the Commissioner for The Maintenance of Parents" https://www.msf.gov.sg/maintenanceofparents/pages/CaseswiththeCommissionerforMOP.aspx （二〇二〇年八月一日アクセス）
【5】シンガポールには公立の介護施設はない。政府が全面的に介護施設を建設・運営するのではなく、慈善団体や宗教団体、病院などが運営する民間の介護施設に政府が補助金を出すという制度を取るためである。
【6】Ministry of Social and Family Development, "Families for Life." https://www.msf.gov.sg/policies/Strong-and-Stable-Families/Supporting-Families/Pages/Families-for-Life.aspx （二〇二〇年八月一日アクセス）
【7】ただ、未婚者であっても介護が必要な高齢者と生活をともにしている場合は雇用できる。
【8】Ministry of Social and Family Development, "Singapore's Demographic: Heads of Households." https://www.msf.gov.sg/research-and-data/Research-and-Statistics/Pages/Singapore-Demographic-Heads-of-Households.aspx （二〇二〇年一一月九日アクセス）
【9】ピンクドットのスタッフDeryne Sim氏への筆者インタビュー（シンガポールのホンリン公園にて、二〇一七年六月三〇日）。
【10】二〇一〇年に研究者が行った調査によれば、インタビュー対象者の三分の二が同棲に賛成した（Jones et al 2012: 740）。

【参考文献】

日本語文献

落合恵美子［二〇一三］「アジア近代における親密圏と公共圏の再編成――「圧縮された近代」と「家族主義」」落合恵美子編『親密圏と公共圏の再編成――アジア近代からの問い』京都大学学術出版会
田村慶子［一九九九］「創られる〈家族の肖像〉――〈アジア的価値〉とシンガポールの女性」田村慶子・篠崎正美編『アジアの社会変動とジェンダー』明石書店
田村慶子［二〇一九］「〈家族主義型福祉レジーム〉の課題と行方――シンガポールの高齢者介護」速水洋子編『東南アジアにおけるケアの潜在力――生のつながりの実践』京都大学出版会

田村慶子［二〇二〇］「ジェンダー」川中豪・川村晃一編『教養の東南アジア現代史』ミネルヴァ書房

田村慶子・疋田京子［二〇一七］『アジアにおける性的マイノリティの人権と市民社会――台湾、シンガポール、日本の比較研究を中心に』アジア女性交流・研究フォーラム調査研究報告書、アジア女性交流・研究フォーラム

内閣府［二〇一三］『平成二五年度版高齢社会白書』http://www8.cao.go.jp/kourei/whitepaper/w-2013/gaiyou/index.html#container（二〇一五年二月五日アクセス）

外国語文献

AWARE (Association of Women for Action and Research) [2018] *Why Are You Not Working?: Low-income mothers explain challenges with work & care*, AWARE.

——— [2020] *Neither Family Nor Employee: The caregiver burden of migrant domestic workers in Singapore*. AWARE.

Au, Alex Waipang [2009] "Soft Exterior, Hard Core: Politics Towards Gays." In *Impressions of the Goh Chok Tong Years in Singapore*, edited by Bridget Welsh James Chin, Arun Mahizhnan and Tan Tarn How. National University of Singapore Press.

Chua, Lynette J. [2014] *Mobilizing Gay Singapore: Rights and Resistance in an Authoritarian State*. National University of Singapore Press.

Committee on Ageing Issues [2006] *Report on the Ageing Population 2006.*

Department of Statistics Singapore [1990] *Census of Population 1990: Demographic Characteristics.*

——— *Yearbook of Statistics Singapore* 各年版

Han, Fook Kwang et al [2011] *Lee Kuan Yew: Hard Truths to Keep Singapore Going*. Straits Times Press.

Jones, Gavin W, Yanxia Zhang, Pamela Chia Pei Zhi [2012] "Understanding High Levels of Singlehood in Singapore." *Journal of Family Studies.* 43:731-750.

Lazar, Michelle [1999] "Family Life Advertisements and the Narrative of Heterosexual Sociality." In *Reading Culture: Textual Practices in Singapore,* edited by Chew Phyllis G.L. & Anneliese Kramer-Dahl. Times Academic Press.

Ministry of Health [2012] *Healthcare 2020 Masterplan.*

Ministry of Community Development, Youth and Sports [2001] *Eldercare: Master Plan (2001-2005).*

Ministry of Social and Family Development, "Family Development and Support." https://www.msf.gov.sg/about-MSF/our-people/Divisions-at-MSF/Family-Development-and-Support/Pages/default.aspx（二〇二〇年七月二〇日アクセス）

Ministry of Social and Family Development, “Families For Life.” https://www.msf.gov.sg/policies/Strong-and-Stable-Families/Supporting-Families/Pages/Families-for-Life.aspx（二〇二〇年八月一日アクセス）

Ministry of Social and Family Development, “Number of Cases with the Commissioner for The Maintenance of Parents.” https://www.msf.gov.sg/maintenanceofparents/pages/CaseswiththeCommissionerforMOP.aspx（二〇二〇年八月一日アクセス）

Ministry of Social and Family Development, “Singapore’s Demographic: Heads of Households.” https://www.msf.gov.sg/research-and-data/Research-and-Statistics/Pages/Singapore-Demographic-Heads-of-Households.aspx（二〇二〇年一一月九日アクセス）

Natividad, J.N. [2008] “Social Support of Elderly in Singapore,” In *Ageing in Southeast Asia and East Asia: Family, Social Protection and Policy Challenges*, edited by Lee H.G. Institute of Southeast Asian Studies.

Noorashikin, Abdul Rahman [2013] “Growing Old in Singapore: Social Constructions of Old Age and the Landscapes of the Elderly.” edited by Ho, Elaine Lynn-Ee et al. *Changing Landscapes of Singapore: Old Tensions and New Directions*. National University of Singapore.

Prime Minister’s Office, “Key Findings From Marriage and Parenthood Survey.” https://www.strategygroup.gov.sg/media-centre/press-releases/article/details/key-findings-from-marriage-and-parenthood-survey-2016（二〇二〇年三月一五日アクセス）

Quah, Stella [1993] “Marriage and Family,” In *Singapore Women: Three Decades of Change*, edited by Wong, A.K. and W.K. Leong. Times Academic Press.

Saw, Swee Hock [2016] *Population Policies and Programmes in Singapore*. Second edition, Institute of Southeast Asian Studies.

Straughan, Paulin [2015] “Marriage and Parenthood in Singapore.” In *50 Years of Social Issues in Singapore*, edited by David Chan. World Scientific.

Sun, Shirley Hsiao-Li [2012] *Population Policy and Reproduction in Singapore: Making future citizens*. Routledge.

Tamura-Tsuji, Keiko [2022] “Human Rights of Sexual Minorities and Civil Society in Asia: A Comparative Analysis of Singapore and Taiwan.” In *Changing Civil Societies in East Asia*, edited by Takenaka, Chiharu and Khatharya U.M. Routledge, forthcoming.

Teo, Youyenn [2007] “Inequality for the Greater Good: Gendered State Rule in Singapore.” In *Critical Asian Studies*, 39/3: 423-445.

——— [2011] *Neoliberal Morality in Singapore: How family polities make state and society*, Routledge.

Wee, Vivienne [1987] “The Ups and Downs of Women’s Status in Singapore,” In *Commentary*, 17/2-3:9.

The Straits Times (Singapore).

The Sunday Times (Singapore).

Today (Singapore).

コラム1　単なる補佐役ではなく運営の主体として
――インドネシアのカカオ農園で働く女性たちから得た教訓

ＫＦＡＷ海外通信員　マリスナ・ユリアンティ
（インドネシア）

暑さの厳しい木曜日の午後、カカオの木々の緑に囲まれた場所で、農園の男女が集まって土壌ＰＨ（水素イオン濃度）の管理法と害虫防除についての講習会に熱心に耳を傾けています。「何か質問はありませんか、男性の皆さん？」とファシリテーターが質問を募ります。一人の男性が手を挙げたのを皮切りに、ディスカッションが始まりました。その間ずっと女性たちは後ろの方で黙って腰を下ろしていました。彼女たちの存在は、男性たちとは異なり影が薄く感じられました。男性が人数で勝っているからなのでしょうか？　それとも「自分たちは場違いだ」と感じているからなのでしょうか？　その答えは、いまだに分かりません。

ジェンダー平等の考え方は、生活のあらゆる分野において、女性と男性が等しく参画し関与することに重きを置くものです。開発に関しては、計画から実施まで全ての段階において女性と男性の双方が関わっていく必要があります。そうすることで、女性と男性が平等に開発をコントロールし、その恩恵を享受できるようになるからです。また最も重要な対象として、社会から取り残され周縁化されている女性や女児に焦点が当てられています。女性のエンパワーメント化を図り、女性があらゆることに関与を強めるよう推進していくことで、ジェンダー平等の実現に近づきます。数多くの政策やプログラムが、さまざまな領域における女性の参加率を三〇％以上に設定するようになっています。それは、政治における国会議員の割合から研修における女性の参加率に至るまで、実にさまざまな分野で見られます。あのカカオ農園で行われた、ちょっとしたディスカッションも然りです。

あの農園でレクチャーを受けていたグループは、カカオ豆の生産量と品質を高めるために国際機関による支援とキャパシティ・ビルディングを受けています。グループの女性の大半は、農園で働く男性の妻や娘です。私たちが彼女たちと再び会った時は、女性だけの集まりだったこともあり、より活発で元気に満ちているようでした。今ではカカオについての知識も増え、生産するカカオ豆の品質が良くなったおかげで、家計収入が二倍になったと話してくれました。さらに、女性たちの農園管理能力が上がったために手伝いの人員を雇う必要が無くなり、家計からその費用を削減することができたということです。またそれだけではなく、家庭内での男女の関係にも変化が見られるようになったということです。農園について何らかの判断をしなければならない場合、女性たちが夫から相談を受けるようになったり、夫婦間での話し合いが以前よりも増えたりしているそうです。

ディスカッションで声を上げるカカオ農園の女性たち

　このような予想以上の変化には驚かされます。ここから得られる唯一の教訓は、女性が参加し積極的に貢献すれば、好ましい変化が生まれる、という紛れもない事実でしょう。政府や社会全体で、女性がその存在感を高められるだけの余地を与える必要があるのです。また、女性の労働力参加率などの数的な調査を行うだけではなく、ディスカッションや建設的な変化に女性が果たす貢献や役割など、質的な記録を行っていくことも必要です。これに加え、女性に対してさらなる参加を促すための取り組みも求められます。例えば、会議などで女性の存在に目を向け、女性だけを対象とした研修を行い、女性の時間や都合に合わせた活動を行うなど、さまざまな試みが考えられます。そうすることで、女性は自分たちの参加が求められているばかりでなく、それが必要不可欠なことなのだという意識が高まるのです。そのうち、カカオ農園の女性たちも胸を張って最前列に座り、誇りを持って挙手する日が来ることを願うばかりです。そして、勇気を出してこう言って欲しいのです。「私たちはただの手伝いではありません。農園運営の主体として貢献しているのです。だから、私たちの存在を認めてください」と。

『Asian Breeze』
二〇一七年一一月号　抜粋掲載

第2章 シンガポールの教育・子育てに関する政策と価値観

――メリトクラシーとジェンダーの観点から

坂無　淳

はじめに

本章では、シンガポールを事例として以下を考える。国の教育や子育てに対する期待はどのようなもので、その期待はどのように実行されているのだろうか。また、人々の教育や子育てに関する価値観はどのようなものだろうか。そして、社会の変化とともにそれらの政策や価値観はどう変化すると考えられるだろうか。

本章の構成は以下のとおりである。第一節では、シンガポールの教育・子育てに関する制度、統計、政策をまとめたうえで、それらの背景となる産業構造の変化、それらの政策からみられる国の意図について考える。次に、第二節では、より詳細に、シンガポールの人々の教育や子育てに関する価値観の分析を行う。世界価値観調査のシンガポールのデータの分析から、とくに大学進学とジェンダーに関する分析を行う。

本章のキーワードであり、分析の視角となるのは、メリトクラシー、さらにそこから派生したペアレントクラシーと、ジェンダーの三つである。

メリトクラシーとは聞き慣れない言葉かもしれないが、イギリスの社会学者ヤング［二〇二一］による一九五八年の著書『メリトクラシー』からとられた社会学の用語である。本章では教育社会学者シムの定義、「メリット、つまり能力ある、かつ努力する人々がエリート的存在になる社会のこと」［シム 二〇〇五：一六九］を採用しよう。後述するが、シンガポールでは、成績をもとにした生徒の分化が厳格に、そして早期に行われる。そして、教育での業績（つまり成績や学歴）が、卒業後の社会的な地位の決定に非常に重要となる。そのため、家族（特に親）の教育への関心は強いものとなる。

出自などの属性でなく、その人の能力や努力、またそれによって成し遂げられた業績によって社会的な地位が決定するメリトクラシーの原理は、近代の一つの理想と言うこともできる。本章でもみていくが、シンガポールはそのメリトクラシーを教育や社会の制度として具体化している国の一つとも言える。

一方でペアレントクラシーというメリトクラシーから派生した言葉がある。イギリスの教育社会学者ブラウン［Brown 1990］は、子どもの成績や進学、ひいては社会的な地位の決定に対する親の影響力が増加することを、ペアレント（親）とクラシー（支配）による造語、ペアレントクラシーという言葉で表した。ブラウンは英国、また米国、オーストラリア、ニュージーランドの教育が、その子自身の能力や努力より、親の富や選択によるものとなる傾向を指摘した。

シンガポールについて考えてみると、生徒の分化が厳格に早期に行われるだけに、子の教育への親の影響力は大きい。田村［二〇一六］によれば、シンガポールでは子どもが初等学校（日本でいう小学校）に入学する前や高学年になると仕事を辞め、勉強につきっきりになる母親が多いという。

このように教育熱心な親がいる一方、シンガポールの社会学者テオ［Teo 2017］は、塾や習い事が必須となっている中で低収入の家族にその余裕がないこと、出身家庭による子どもの成績の格差が大きくなっていることを指摘している。テオによれば、マレー系優遇政策をとったマレーシアと自国を差異化する目的からも、メリトクラシーはシンガポールの国の基本的言説となっている。しかし、テオ［Teo 2019］は低収入の家族でのフィールド・ワークから、シンガポールにも貧困と不平等があること、またそれがシンガポールで見過ごされていると指摘する。

テオの言うように、出身家庭の経済状況によって子どもの成績、ひいては社会的地位が決定する、つまり社会階層の再生産と固定化が進んでいるのなら、メリトクラシーは実のところはペアレントクラシーでしかなく、その正当性は大きく揺らぐ可能性がある。本章では、メリトクラシーの実際とともに、ペアレントクラシーの観点からも、シンガポールの教育・子育ての行方について考える。

最後のキーワードはジェンダーである。メリトクラシーは、男性、女性などの属性にかかわらず、本人の業績に従って地位が配分されることを求める。そのため、メリトクラシーが貫徹しているシンガポールではジェンダーによる格差はないと考えられるが、どうであろうか。一方で、家族の子育てや教育、とりわけ進学については、その子のジェンダーによって、家族（親）の教育意欲（アスピレーション、熱意、期待）に差があることも考えられる。さらにペアレントクラシーが進めば、その影響力は強くなると考えられる。本章では、これらの点を第二節で分析し、家族間での教育・子育ての分担についても「おわりに」にて考察する。

第一節　教育・子育て政策――国内外の変化へ対応する人材育成

シンガポールは国内外の変化に対し、教育・子育てに関する政策を通して国が対応するその先端事例として捉えられる。人材育成が国の重要な政策であることはシンガポールに限ったことではない。しかし、シンガポールは国土も人口も小さく、目立った資源も少ないため、人材育成の政策上の重要性は他国にまして高いものとなる。さらに、人口も面積も大きく、民族構成の異なる国々に囲まれている地政学的な条件からも、外部環境の変化に即時に対応する必要がある。

シンガポールは独立当初から現在まで、国の生き残りをかける「生き残りのイデオロギー」［田村 一九九九：六二］のもと、人民行動党の長期一党支配、そしてそれにより可能となる迅速な国家運営によって、変化に対応してきた。シンガポールは独立直後に、労働集約型産業による輸出指向型の工業化のための労働力の量的増加と質的向上を目指した。そのために、初等・中等教育の拡充と英語の普及が進められ、女性への教育も奨励された。家族計画で少産計画が打ち出されたことも女性の就労増加につながった。その後、一九七九年からの「第二次産業革命」と称される計画では、知識集約型産業への移行が計画された［田村 一九九九：六二〜六七］。

そして、このような知識集約型産業に必要となるのが、高度な知識を持つ人材育成である。人材育成に力を注ぐ国家運営は予算にも示されている。教育省にあてられる歳出予算は、毎年常に全体予算の二割以上を占め、国防省に次ぐ規模である［シム 二〇一七］。筆者が政府データから政府運営歳出に占める教育の割合を計算すると、二〇一七年度に二一・七％、二〇一八年度に二一・六％、二〇一九年度に二〇・三％が教育へ支出されていた。【1】

このような教育政策の成果として、しばしば注目されるのが、国際的な学力調査でのシンガポールの生徒の成績の高さである。シンガポールは国際数学・理科教育動向調査や経済協力開発機構（ＯＥＣＤ）の生徒の学習到達度調査でトップクラスの成績をおさめている。そして、このように国際的な学力調査でトップクラスの成績をおさめることは、シンガポールが海外から企業や投資を呼び寄せるアピール・ポイントともなる［池田 二〇一四］。

1．教育制度の概要――選抜、敗者復活のルート、大学数の増加

以上のように、シンガポールは教育・子育てに関する政策の一つの先端事例として参照するに値すると考えられるが、その教育制度を具体的にみていこう。ここでは、シンガポール政府の資料や先行研究から、その教育制度の特徴を、選抜、敗者復活、大学数の増加の三点からまとめる。

特徴の一つ目に、成績によって早期に生徒が選抜される点がある。教育制度の概略を図表1にまとめた。生徒は、義務教育である初等学校の五年生から科目ごとに成績によって基準・基礎コースに分けられる。【2】また初等学校の修了

図表1　シンガポールの教育制度の概略

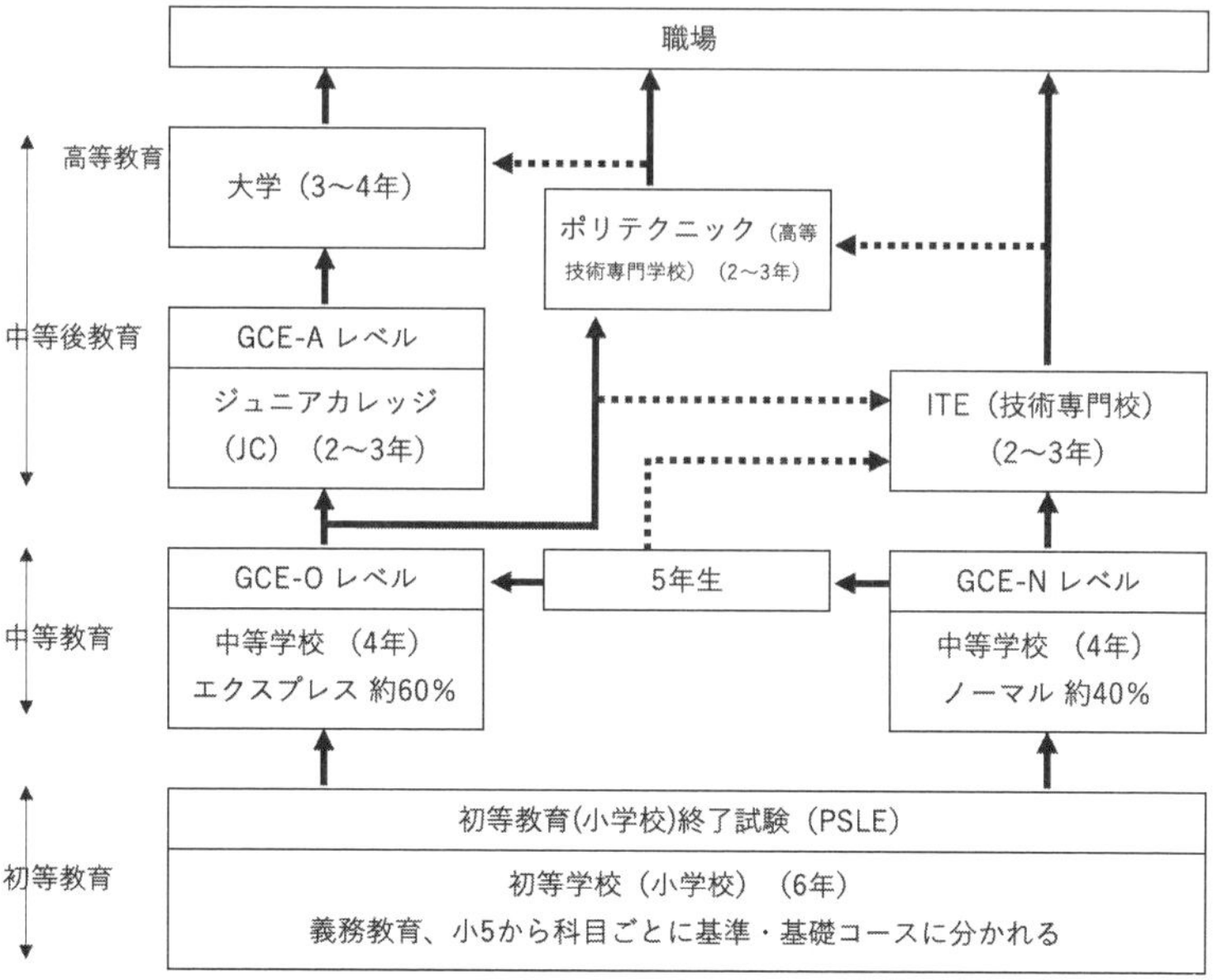

出典：田村（2016: 157）と *Education Statistics Digest 2020* (Ministry of Education 2020: v）を参考に筆者作成[3]。

時の試験の成績によって、中等学校（日本でいう中学校）のコース分けがなされる。ここから大学へ至る主なルートを説明すると、中等学校の成績が上位であるエクスプレス・コースの生徒は、中等学校の終わりにケンブリッジ普通教育認定試験（GCE—Oレベル）を受験し、大学準備教育であるジュニアカレッジに進学する。ジュニアカレッジの終わりにはGCE—Aレベルを受験し、その成績によって大学進学が決まる。中等学校の後の中等後教育には、ジュニアカレッジのほかにも、高等技術専門学校（ポリテクニック）と技術専門校（ITE）があり、そこでは職業に密接した実践的な教育を受けることができる。

ただし、このような早期分化のデメリットとして、早期に下位コースに入ってしまった生徒が意欲を失ってしまうことが考えられる。その点で、シンガポールの教育制度の特徴の二つ目に、敗者復活のルートが用意されている点があげられる。シム［二〇〇九］の研究によれば、シンガポールは成績下位層の生徒にも意欲を加熱し続ける教育制度を設計している。シムの研究によれば、ＩＴＥの入学者は成績が低く、出身階層も低い傾向がある。しかし、日本の成績下位の高校の生徒と比較すると、ＩＴＥの学生の学習意欲は高い。その理由にはシムによれば、環境、教師、授業、復活へのセカンド・ルートという四つがある。とくにＩＴＥでは職業に直結する授業が行われ、生徒は実用性の高いスキルを習得できる。また、復活へのセカンド・ルートとして、ＩＴＥの学生でも努力次第では大学を終点とする進学もできる。そのため、シンガポールでは、成績が下位の生徒でも教育意欲を失わない。

写真 1、2　シンガポール国立大学 ケントリッジ・キャンパス（上）と南洋理工大学（下）（2009 年シンガポールにて筆者撮影）

　また、大学に進学した学生でも、そこではさらなる努力が求められる。というのも、卒業学位には、一等や二等など大学時代の成績による種類があり、卒業後の給与にも影響するためである。このように厳格な選抜をしつつ、どの層の生徒にも教育意欲を失わせない教育制度がある。

　三つ目の特徴に、近年になって急速に大学数を増加させている点がある。比較的歴史が長いシンガポール国立大学と南洋理工大学

写真 3、4　シンガポール教育省（上）とライフサイエンスの研究開発ハブであるバイオポリス（下）
（2009 年シンガポールにて筆者撮影）

の二大学のほかに、近年になって四大学が設立され、二〇二〇年現在は六大学となっている（芸術系教育機関や海外大学の支部は除く）。大学進学率も上昇し、初等学校一年生に対する大学進学率は、二〇一四年は三二・四％であったが、二〇一九年には三八・四％と上昇している［Ministry of Education 2020: xvii］。

大学数を増加させている背景には知識集約型産業を担う人材育成があると考えられる。近年設立された大学の名前をみると、いずれも工学、デザイン、ビジネスなど近年とくに成長が著しい分野である。また、世界的に著名である先述のシンガポール国立大学でも、人文社会科学部と理学部から文理学部が発足し、多分野をまたいだ人材育成が目指されるなどの改革が進められている。

2．教育・子育てに関するインセンティブ政策

次に、教育・子育てに関するインセンティブ政策をみていこう。具体的には子育てや教育を金銭的に補助するベビー・ボーナス、エデュセイブ、中等後教育口座という三つを取り上げる。

ベビー・ボーナスは、多様な支援を含む婚姻育児制度の一部で、出産や子育てを金銭的に支援・奨励する制度である。子どもが生まれた親はチャイルド・デベロップメント口座という口座を作ることができ、出生時や六カ月、一歳など五回に分けて、祝い金を受け取ることができる。また、親が口座に貯蓄をすると、政府が同額を拠出してくれる。この資金は子どもの教育費や医療費などに使うことができる。金額は二〇一六年以降の子は以下のとおりである。一人目の子には、祝い金として八〇〇〇シンガポールドル（以下Sドル、一Sドルの二〇二一年現在のレートは約八〇円）、政府拠出は六〇〇〇Sドルまで、合計一万四〇〇〇Sドル（約一一二万円）まで受け取ることができる。二人目以降では金額が上がり、二人目で合計一万七〇〇〇ドル、三、四人目で合計二万二〇〇〇Sドル、五人目以上は合計で二万八〇〇〇Sドル（約二二四万円）までとなっている【4】。

次に、エデュセイブという制度のもとで、国民は初等学校から中等学校卒業まで毎年、政府からの資金を受け取る。金額は初等学校で年間二三〇Sドル、中等学校では二九〇Sドルである。良い成績をとると奨学金やボーナスをもらえるなどの仕組みもある。使いみちは学業関連に限定される。一七歳になる、またはそれ以上進学しない場合、資金は次の中等後教育口座に移行できる【5】。

中等後教育口座の資金は、中等後教育（大学、ポリテクニック、ITE、そのほかの教育機関）での就学に使うことができる。政府からは年五〇〇Sドル（裕福な世帯は二五〇Sドル）が援助される。中等後教育口座は本人が三一歳になる年に閉鎖され、その後は各自の別の口座へ引き継ぐ。ユニークな点として、この資金は本人だけではなく、きょうだいの

就学資金にも移行できる【6】。

このような直接的な資金援助が充実していることにくわえ、シンガポールでは学費も安く抑えられ、修学への経済的支援が充実している。一定収入以下の世帯の場合は、小中高の学費・雑費などの全額免除と教科書・制服の無料配布、通学定期支援、給付型の助学金があり、成績が優れている場合は給付型の奨学金などが提供される［シム 二〇一七］。大学は無償ではないが、世帯収入と成績によって、多種の奨学金が用意されている［Ministry of Education 2021］。

このようにシンガポール政府からの教育・子育て支援は手厚いが、これらの政策には人材育成による産業政策としての側面が考えられる。まず、これらの政策が開始され、制度拡充がされた一九九〇年代、二〇〇〇年代は、シンガポールが高度な知識を持つ人材育成に取り組み、少子高齢化への本格的な対応を迫られた時期である。また、エデュセイブや中等後教育口座の名称からもわかるように、政府は人々がこれらの金銭的な援助を利用して、自身の人的資本を高めることを促している。ベビー・ボーナスは、親の貯蓄と同額の政府拠出というインセンティブを設けることで、親から子への教育投資を促している【7】。また、中等後教育口座の資金をきょうだいの口座に移行できることにも、家族を通じた教育投資を促す意図がみられる。

3．統計からみるメリトクラシーの現状――教育と給与のジェンダー差

次に、統計から、メリトクラシーの現状を特にジェンダーの観点からみてみよう。結論からいえば、シンガポールでは、教育に関するジェンダー格差はほとんどない、あるいは日本に比べて非常に小さいと言える。

教育省の統計から進学に関する「ジェンダー・パリティ指数」という指標を入手できる。この指標は、各教育段階の入学者の女性と男性の比率であり、一を超えると男性より女性の入学者が多いことを示す。図表2をみると、初等

郵便はがき

料金受取人払郵便

神田局
承認

6430

差出有効期間
2022年12月
31日まで

切手を貼らずに
お出し下さい。

101-8796

537

【受　取　人】

東京都千代田区外神田6-9-5

株式会社 **明石書店** 読者通信係 行

お買い上げ、ありがとうございました。
今後の出版物の参考といたしたく、ご記入、ご投函いただければ幸いに存じます。

ふりがな お名前	年齢	性別

ご住所 〒　　-

TEL　(　　)　FAX　(　　)

メールアドレス	ご職業（または学校名）

＊図書目録のご希望	＊ジャンル別などのご案内（不定期）のご希望
□ある □ない	□ある：ジャンル（ □ない

書籍のタイトル

◆本書を何でお知りになりましたか？
□新聞・雑誌の広告…掲載紙誌名［ ］
□書評・紹介記事……掲載紙誌名［ ］
□店頭で □知人のすすめ □弊社からの案内 □弊社ホームページ
□ネット書店［ ］ □その他［ ］

◆本書についてのご意見・ご感想
■定 価 □安い（満足） □ほどほど □高い（不満）
■カバーデザイン □良い □ふつう □悪い・ふさわしくない
■内 容 □良い □ふつう □期待はずれ
■その他お気づきの点、ご質問、ご感想など、ご自由にお書き下さい。

◆本書をお買い上げの書店
［ 市・区・町・村 書店 店］

◆今後どのような書籍をお望みですか？
今関心をお持ちのテーマ・人・ジャンル、また翻訳希望の本など、何でもお書き下さい。

◆ご購読紙 (1)朝日 (2)読売 (3)毎日 (4)日経 (5)その他［ 新聞］
◆定期ご購読の雑誌［ ］

ご協力ありがとうございました。

ご意見などを弊社ホームページなどでご紹介させていただくことがあります。 □諾 □否

◆ご 注 文 書◆ このハガキで弊社刊行物をご注文いただけます。
□ご指定の書店でお受取り……下欄に書店名と所在地域、わかれば電話番号をご記入下さい。
□代金引換郵便にてお受取り…送料+手数料として500円かかります（表記ご住所宛のみ）。

名	冊
名	冊

指定の書店・支店名	書店の所在地域 都・道 府・県 市・区 町・村
	書店の電話番号 （ ）

学校などの第一期教育、中等学校などの第二期教育は、ほぼ一である。一方で、変化が大きいのが大学などを含む第三期教育である。二〇〇〇年代半ばまでは一より低いが、近年に劇的に上昇し、直近の二〇一八年には一・一五と女性の入学者の方が多くなっている。

図表２　シンガポールの進学に関するジェンダー・パリティ指数

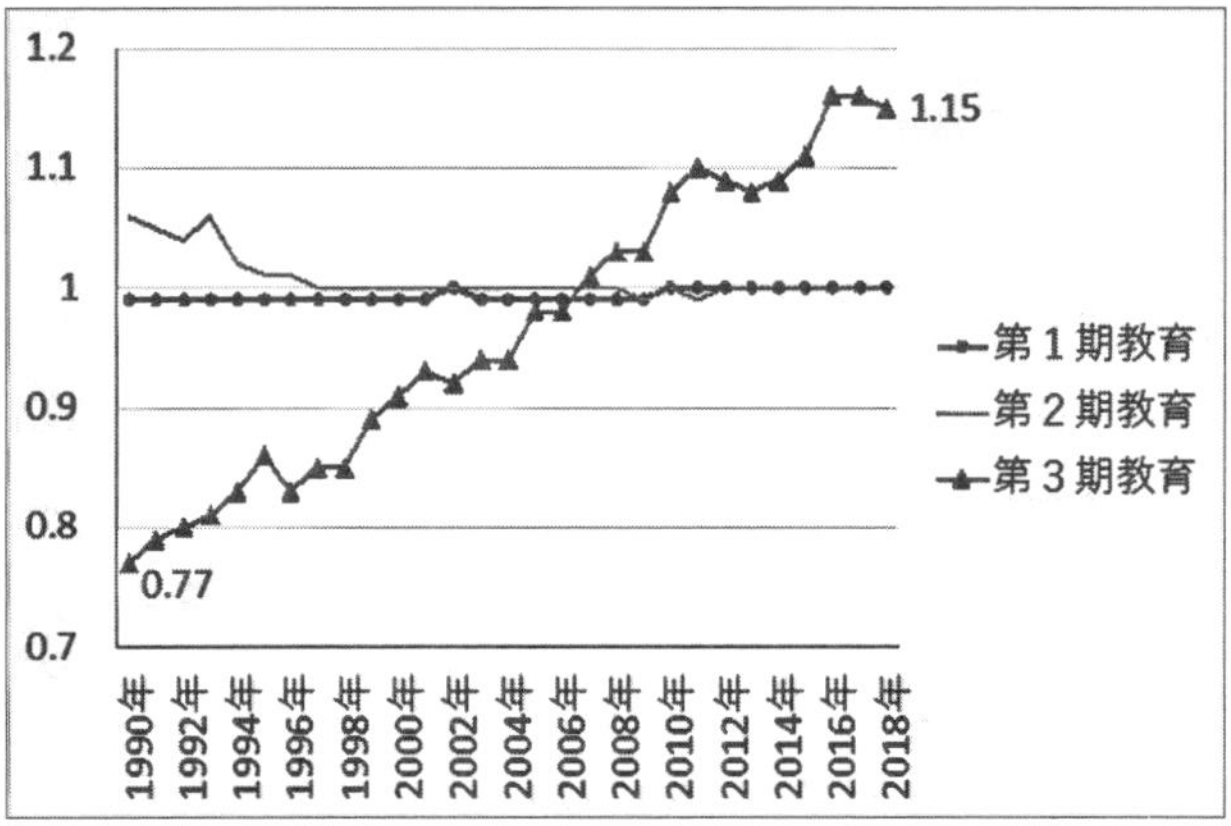

出典：教育省のデータ【8】から筆者作成。

図表３　年齢・男女・学歴別の月収の中央値（Sドル、2020年）

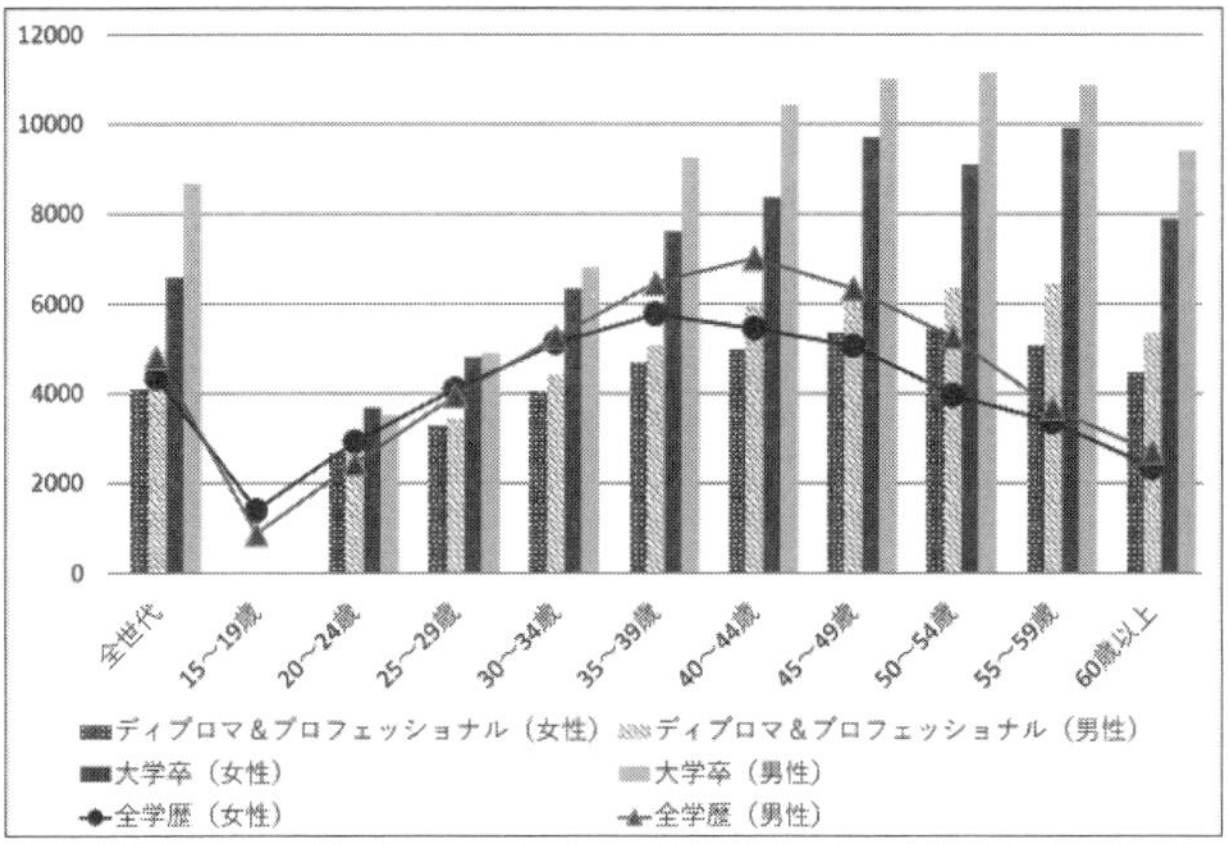

出典：人材省のデータ【10】から筆者作成。

第三期教育で、急激に女性の進学が高まっている理由には、まず、先述のように近年、大学数が増加し、その定員に多くの女性が収容されたことが考えられる（その他の学校でも同様の状況が考えられる）。また、子どもの数が減ることで、子のジェンダーに関係なく親の資源が振り分けられ、女性の進学が進んだ可能性がある。最後に、先述の政策がとくに女性の進学を高めた可能性がある。

ただし、日本や多くの国で専門分野にジェンダーの偏りがある。筆者はシンガポールの大学入学者の女性割合を分野別に整理したことがあるが、シンガポールでも、工学、情報学などで女性が少なく、人文・社会科学、ビジネス・経営学などで女性が多いという偏りがあった。ただし、全分野合計では男性より女性の入学者がやや多いこと、また理系でも歯学、健康科学、自然・物理・数理科学で女性が半数を超え、各分野の偏りも日本より小さい傾向があった［坂無／平林／河野二〇二二］。

次に、学校卒業後の給与について、データを確認しよう。人材省の統計から、雇用者の月の給与（月給）の中央値を男女別に入手し、図表3にまとめた。【9】ここから、月給には、学歴による差が大きいこと、また主に男女の学歴差によると考えられるがそれだけでは説明できないジェンダー差も存在することがわかる。

まず、折れ線（全学歴）でジェンダー差をみよう。左端に示している全世代合計では男女の差はほとんどみられない。しかし、年齢別では三〇代後半から男性が高く、男女ともに給与の上がる四〇代から五〇代前半で男性が高い。

次に学歴別にジェンダー差をみよう。棒グラフでは大学卒と、ディプロマ＆プロフェッショナル（主にポリテクニックとITE卒）の学歴の人を男女別に示している。ここから、学歴による月給の差が大きいことがわかる。このこともシンガポールのメリトクラシーを反映していると言えるだろう。

全世代ではほとんどないものの三〇代後半からジェンダー差がある要因として考えられるのは、男女の学歴差と、家族のケア負担の差である。学歴差について、現在では男女の大学進学者数に差がないものの、過去には男性の大学進学者が多かった。女性の高学歴化が進めば、中高年世代や全世代でもジェンダー差が縮まるとも考えられる。一方で、同世代で同学歴でも男性の月給が高い傾向があることから、月給のジェンダー差の解消には、女性の高学歴化だけではなく、家族のケア負担の偏り等、他の要因の解消が必要となるとも考えられる。例えば、三〇代以降では育児や家事、それ以降の世代では介護など、家族のケア負担が女性に偏り、勤続年数、雇用形態、職種、役職など職業面でのジェンダー差が生まれている可能性がある。

以上、第一節では、シンガポールの教育・子育てに関する制度、政策、統計をみてきた。まとめれば、シンガポールでは、国民の教育への意欲を高め続ける教育制度が作られ、また、その教育意欲を支える経済的支援があり、国民が自身と家族への教育投資を行うことが促されている。これらの政策は国内外の変化に対応するシンガポールの産業政策として捉えることもできる。統計からメリトクラシーの現状をみると、教育に関してはジェンダー差がなくなりつつあった。卒業後の給与に関しては、男女の学歴差だけで説明できないジェンダー差が示唆されるものの、学歴が給与に与える影響が大きい。以上、総じていえば、シンガポールはメリトクラシーが実体化されている社会であると言えるだろう。

第二節　教育・子育てに関する価値観

次に第二節では、より詳細に、人々の教育や子育てに関する価値観についてみていく。シンガポールを事例として分析することには、第一節で述べたほかに、二つ目の利点がある。それは、社会の変化に対する個人や家族の反応をみることができる点である。政策や制度には政府の意図を反映することができる。しかし、個々の家族における教育や子育てが国の意図のとおりになるとは限らず、意図せざる結果など複雑な反応がありうる。そのため、政策や制度だけではなく、実際の人々の教育・子育てに関する価値観を知ることが必要であろう。

価値観に関して、シンガポールは多民族国家であるため、民族【11】、宗教、言語などの文化的側面には多様性がある。

そのため、教育や子育てについても多様な価値観があり、子どものジェンダーと教育意欲の関連にも、多様性がある可能性もある。さらに、教育意欲には、親の職業、収入、学歴などの社会階層が関連すると考えられる。政府の支援が充実しているとはいえ、学校外の塾や習い事などの費用捻出は家族の経済的状況に依存する。また、親の学歴によって、勉学や進学へのアドバイスにも差があり、ほかにも学校外の体験の量や、より広く学校、教育、知識への態度にも社会階層による差があると考えられる。

このように、教育・子育てに関する価値観には多様性があると予想される。そのなかでも本節では、大学進学に関する教育意欲をジェンダーの観点から分析する。全体的な傾向をみた上で、多様性とその要因（年齢やジェンダーといった属性、社会階層など社会経済的な要因、民族、宗教、言語など文化的な要因）を考える。

分析するデータは世界価値観調査という国際比較調査のデータである。世界価値観調査は一九八一年から現在まで世界各地で七回調査が行われている。本章執筆時には、シンガポールのデータはWave 4（二〇〇二年、一五一二人）とWave 6（二〇一二年、一九七二人）が入手でき、本章ではこの二時点のデータを分析する。【12】

図表 4　家庭で子どもに身につけさせる性質として重視すること（シンガポールと日本）

	シンガポール		日本	
	Wave 4 (2002年)	Wave 6 (2012年)	Wave 4 (2000年)	Wave 6 (2010年)
人数	1512	1972	1362	2443
自主性	74.7	72.1	81.8	67.7
勤勉さ	63.7	60.8	27.1	35.1
責任感	83.6	69.7	90.7	87.3
想像力・創作力	13.5	18.8	34.5	31.6
寛容性（他人の立場・意見を尊重する）	69.8	54.1	71.2	64.6
節約心（お金や物を大切にする）	43.8	47.4	48.1	47.8
決断力・忍耐力	39.9	44.3	69.0	67.8
信仰心	30.1	26.2	6.5	4.4
公正さ（利己的なふるまいをしない）	29.6	26.0	53.2	45.1
従順さ	46.9	37.5	4.3	5.0
自己表現力	-	13.7	-	33.6

1．求められる努力と社会的成功

シンガポールの教育・子育てに関する価値観を概観するものとして、世界価値観調査から子どもに身につけさせる性質として重視することをみよう。この調査では、家庭において子どもに身につけさせうる性質のリストをあげ、大切だと思うものを五つまで選ばせている。シンガポールと日本の結果を図表4にまとめた。

これをみると、まず両国とも責任感、自主性、寛容性などを大切だと思う人が多いことが共通している。違いがはっきりと出るのは以下の点である。シンガポールで多いのは、勤勉さ、従順さ、信仰心などである。日本で多いのは、想像力・創作力、公正さ、自己表現力などである。

国際比較調査であるため、翻訳のニュアンスの違いが回答に影響を与えている可能性は否定できない。ただそれにしても、シンガポールでは日本に比べ、勤勉さや従順さを重視する人が非常に多い。二時点でも責任感、自主性、寛容性、勤勉さ、従順さなどが高い傾向は一貫している。前節まででみたように、シンガポールは個人に努力を強く求める社会であることが、ここにも表れているといえよう。

参考として別の調査、アジア・バロメーターというアジア各国の比較調査をみても、同様のことがわかる（二〇〇六年に実施）。この調査では、家庭で学ぶことで重要だと思う二項目を選ぶ質問がある。また、自分の子にどのような大人になって欲しいかが、娘と息子にわけて、聞かれている。結果、両国ともに家族を大切にし、多くの人から尊敬されるなど、人間関係に恵まれていることが望まれている。また、娘には息子より結婚に関することが期待される点が共通する。一方で、以下に両国の違いがみられる。日本では愛情や精神面の充実など、抽象的な項目が選ばれ、シンガポールの上位三つは、誠実、独立心、勤勉である。また、息子にも娘にも、親（自分）より優れた職業人や優れた学者など、実体的で社会的な成功が期待されている。一方で、日本では思いやり、誠実、正直が選ばれ、勤勉は八・四％

でしかない【13】［Tambyah et al. 2010: 71-75］（日本語のワーディングはチュワ［二〇一一］の質問表から）。

以上、日本と比較しながらまとめるなら、総じてシンガポールでは、子どもに対し、努力や社会的成功を求める傾向が強い。そして、それらは男の子だけでなく、女の子に対しても求められる。ここからも、シンガポールはメリトクラシーが人々の価値観として内面化されている社会であるということができるだろう。

2．大学教育男子優先意識の回帰分析

次に、世界価値観調査のデータから、大学教育とジェンダーに関する価値観の分析を行う。すでにみたように、シンガポールではメリトクラシーの言説のもと、教育意欲が高められ、また実態としても大学進学がより広い層の人に現実味を持ったものとなっている。その際、子のジェンダーによる親の教育意欲には差があるか、また差があるとすれば、その要因には何があるだろうか。

そこで本項では、「大学教育は女子より男子にとって重要である」という質問への回答を分析する。以下、これを「大学教育男子優先意識」という変数名で表し、分析の目的（従属変数）とする。この変数は元の回答から数値を逆転しており、数値が大きいと、大学教育は女子より男子にとって重要であると考えることを示す。図表5をみると、二時点ともに、そう思わない、全くそう思わない人の合計が半数以上を占めるが、強くそう思う、そう思うという人も一定数おり、多様性があることが確認できる。

図表5　大学教育男子優先意識の度数分布表

	強くそう思う	そう思う	そう思わない	全くそう思わない	欠損値	合計
大学教育男子優先意識	38	192	974	301	7	1512
（Wave 4, 2002 年）	2.5%	12.7%	64.4%	19.9%	0.5%	100%
大学教育男子優先意識	109	407	1029	427	-	1972
（Wave 6, 2012 年）	5.5%	20.6%	52.2%	21.7%	-	100%

このように多様性がある大学教育男子優先意識に、どのような要因が影響しているかをみるため、大学教育男子優先意識を従属変数とした探索的な重回帰分析を行った【14】。その結果が図表6である。独立変数は、回答者本人の属性（ジェンダー、年齢）、家族状況（婚姻状況、子の有無）、社会階層（収入、学歴）、文化・民族（民族、宗教、使用言語）、ジェンダー意識（母親就労ジェンダー意識）である。各独立変数の係数（偏回帰係数）の値は、その独立変数が大学教育男子優先意識に与える影響の大きさを示す。この係数がプラスであれば、その独立変数が増えると大学教育に男子を優先する意識が高くなることを示す。逆にマイナスであれば男子を優先する意識は低くなる。

なお、母親就労ジェンダー意識は母親の就労についての四段階の賛否である。二時点でワーディングが異なっており、Wave 4では「働く母親も働いていない母親と同じように子どもと温かく安心した関係を築くことができる」、Wave 6では「母親が収入のために働くと、子どもが苦しむ」となっている（筆者訳）。Wave 6は数字を逆転し、どちらも数値が大きいと母親の就労が子どもに悪影響を与えると考えるようにした。この変数の分布をみておくと、Wave 4では、少数派ではあるものの男性の約三割、女性の四分の一程度が悪影響を心配している。学歴別ではおおむね学歴の低い人の方が悪影響を心配する傾向はあるが、大卒の女性でも約三割の人が悪影響を心配している。Wave 6は男女ともに四割強の人が悪影響を心配している。

簡潔に図表6の二時点の分析結果をまとめよう。まず、女性ダミーの係数がマイナスであることから、男性に比べ女性は男子優先意識を持たない傾向がある。また、年齢の係数がWave 4でプラスであり、若い人では男子優先意識を持たない傾向にある（Wave 6では有意ではないが年齢の係数はプラス）【15】。一方、婚姻状況や子の有無などの家族状況の影響はみられなかった。社会階層は、二時点で選択肢や変数が一致していないことに留意する必要があるが、Wave 4で学歴が、Wave 6で収入の影響がみられた。Wave 4では基準となる中等教育卒業者に比べ大学卒、またWave 6では収入が高い人というように、社会階層が高い人でジェンダー平等な価値観を持つ傾向がみられた。また、文化・民族

図表６　大学教育男子優先意識を従属変数とする重回帰分析

独立変数	Wave 4（2002）係数	Wave 4（2002）標準化係数	Wave 6（2012）係数	Wave 6（2012）標準化係数
定数	0.791***		0.793***	
女性ダミー（男性＝0）	-0.129***	-0.092	-0.204***	-0.126
年齢	0.005**	0.095	0.002	0.036
未婚ダミー（既婚＝0）	0.042	0.030	-0.007	-0.004
離死別ダミー（同上）	0.020	0.006	0.097	0.024
子ありダミー（子なし＝0）	0.037	0.026	0.053	0.032
収入（十分位）（下位10%＝1→上位10%＝10）	0.014	0.045	-0.038***	-0.071
初等教育ダミー（O/N レベル＝0）	-0.046	-0.031	-	
職業教育ダミー（O/N レベル＝0）	-0.057	-0.020	-	
A レベルダミー（O/N レベル＝0）	-0.075	-0.028	-	
ポリテクニックダミー（O/N レベル＝0）	0.020	0.008	-	
大学ダミー（O/N レベル＝0）	-0.128*	-0.055	-	
マレー系ダミー（華人＝0）	-0.138	-0.091	0.050	0.022
インド系ダミー（華人＝0）	-0.123	-0.075	0.008	0.003
その他ダミー（華人＝0）	0.009	0.003	-0.002	0.000
仏教ダミー（無宗教＝0）	0.104	0.054	0.048	0.027
道教ダミー（無宗教＝0）	-0.057	-0.015	0.152**	0.051
ムスリムダミー（無宗教＝0）	-0.007	-0.005	0.019	0.009
ヒンズー教ダミー（無宗教＝0）	-0.100	-0.047	-0.150	-0.048
プロテスタントダミー（無宗教＝0）	0.026	0.010	0.042	0.016
カトリックダミー（無宗教＝0）	0.059	0.021	0.190**	0.059
その他宗教ダミー（無宗教＝0）	-0.210	-0.034	-0.050	-0.013
英語ダミー（華語＝0）	-0.044	-0.028	0.137***	0.084
マレー語ダミー（華語＝0）	0.200*	0.134	-0.006	-0.002
華語方言ダミー（華語＝0）	0.048	0.020	0.061	0.021
タミル語・インド諸語ダミー（華語＝0）	-0.073	-0.032	0.234**	0.067
その他言語ダミー（華語＝0）	-0.096	-0.014	-0.185	-0.020
母親就労ジェンダー意識（0→3保守的）	0.031	0.029	0.283***	0.250
n	1375		1933	
決定係数	0.057		0.107	
調整済み決定係数	0.039		0.096	
F 値	3.038***		10.378***	

注 *p<0.1. ** p<0.05. *** p<0.01.

に関して、多民族国家であることから、その多様性がみられることを予想したが、一時点では関連が示唆されるものもあるが【16】、一貫しておらずはっきりとした傾向はみられなかった。最後に、ジェンダー意識（母親就労ジェンダー意識）に関しては、Wave 6で母親の就労が子どもに悪影響を与えると考える人は男子優先意識を持つ傾向があり、Wave 4では有意ではなく小さいものの係数はプラスである。あわせて考えると、大学進学と母親就労というジェンダーに関する価値観の間に相関があると言えるだろう。

おわりに

以上、本章ではシンガポールを事例に、教育や子育てに対する国の期待と人々の価値観をみてきた。まとめれば、制度、政策、価値観の観点から、シンガポールではジェンダーにかかわらず、メリトクラシーが支配的であることが様々な側面で確認できた。国は教育制度や様々なインセンティブ政策によって、人々が自身と家族間で教育投資を行って人的資本を向上させることを促していた。これらの制度や政策は単に教育内部の話ではなく、シンガポールという国が国内外の変化に対応する重要な一側面と解釈できる。さらに統計から、教育におけるジェンダー差は小さくなっており、給与はジェンダー差よりも学歴差が大きかった。人々の価値観でも、子どものジェンダーにかかわらず、努力や社会的成功が求められる傾向があり、大学教育男子優先意識を持つ人も多くなかった。さらに、大学教育男子優先意識についての重回帰分析の結果、女性、若い人、また収入や学歴など社会階層が高い人でこのような意識を持たない傾向があることから、子どものジェンダーにかかわらず、親の教育意欲が高まると予想できる。くわえて、近年に大学進学率が高まり、大学進学がより広い層の人に現実味を持ったものとなっていることも、人々の教育意欲を下支えするだろう。

以上が本章のまとめであるが、シンガポールの社会と家族の今後について、二点考察をくわえよう。一点目は、シンガポールの社会の流動性の行方である。建国から五〇年以上が経ったシンガポールの社会の流動性は今後どのようになるのだろうか。本章「はじめに」で述べたテオの指摘のように、階層の固定化とペアレントクラシーが進むのなら、メリトクラシーの正当性は大きく揺らぐ可能性がある。

この点に関して筆者は以下のように考える。まず、テオ［Teo 2019］のフィールド・ワークはシンガポールの貧困家庭を対象としたものであった。しかし、本章でもみたように、近年シンガポールでは大学数が増加し、大学進学率が高まり、これまで大学進学できなかった成績や階層の生徒にも進学のチャンスが高まっている。そうすると親など前の世代が果たせなかった大学進学や職業での社会階層の上昇を、自身、家族、友人の実例として感じることのできる人は多いと考えられる。つまり、テオのいうように貧困層の固定化が進んでいる可能性はあるものの、新たな大学進学者が多く含まれる中間層では、学歴や職業の底上げは続くと予想される。そして、その中には女性も多く含まれる。そう考えると、シンガポールのメリトクラシーは、少なくとも短中期的には、やはり人々の多くが信じる基本的な言説であり続け、家族の教育意欲も男の子、女の子に限らず高いものであり続けると筆者は考える【17】。

一方、二点目として、そのような高まる教育意欲のもと、教育・子育てを父親と母親でどのように分担するか、その行方が重要となる。学校卒業後の給与は同じ世代、同じ学歴でも男性の方が高い傾向があった。また教育・子育てに関する価値観では、高学歴の女性でも、母親の就労が子どもに悪影響を与えることを心配する人が一定数以上いた。これは、高学歴の女性であるからこその心配と解釈することもできる。これらの女性は、自身が高い学歴を持つ（また夫もその可能性が高い）、いわばシンガポールのメリトクラシーの勝者である。そうであるからこそ、メリトクラシー社会からの子どもの脱落を恐れ、教育のために職業面の調整を行っている可能性がある。

筆者はシンガポールの男女の大学院生の将来設計について、インタビュー調査を行ったことがある。子どもを持った後の将来の自身の働き方の見通しについてたずねると、フルタイムを希望する人、専業主婦やパートタイムを希望する人など多様性があった。ある女性はシンガポールでは祖父母や家事労働者の援助を受けつつ共働きすることが一般的ではあるが、子どもの成長にとって母親である自分のケアは決定的に重要であると言っていた。別の女性は、彼女の母親がそうしてくれたように、子どもが必要とする時にいつも母親が家にいることが子どもの成長に良いと考えるため、夫の給与が十分なら自分は専業主婦になるつもりだと答えていた［坂無二〇〇九］。

このように、メリトクラシーが強調され続け、ペアレントクラシーと表現できるように親から子どもへの様々な資源の投入の必要性が高まっている中、必要とされるのは経済的な資源だけではない。例えば、子どもの勉学や進学へのアドバイスやマネジメント、メンタル面のケアなどその負担は多岐にわたる。メリトクラシーを貫徹させつつ、そのような教育・子育ての負担が国家、市場、そして家族のメンバー間でどのように分担されるかが、今後の重要な論点になろう。

最後に、本章の限界と今後の課題には以下がある。まず、メリトクラシーについては、出身の階層と到達した階層との関連、また学歴と職業の関連など、より詳細な分析が必要になる。また、本章では政策や価値観を分析したものの実際の人々の行動は明らかになっていない。価値観の分析では、実際に子育てをしている親に限ったものではなく、一般的な傾向をみたにとどまる。本章でみてきた政策や価値観を背景として、人々の教育・子育てに関する実際の行動がどのようなものか、特に本章の観点からはジェンダーの視点での分析が重要となる。これについては、筆者は別途研究を進めているが、稿を改めて論じたい。

†謝辞と個票データの出典：本研究はＪＳＰＳ科研費 JP19H01730 の助成を受けたものです。二次分析に当たり、世界価値観調査の Wave-4 と Wave-6 の個票データの提供を受けました。

Inglehart, R., C. Haerpfer, A. Moreno, C. Welzel, K. Kizilova, J. Diez-Medrano, M. Lagos, P. Norris, E. Ponarin and B. Puranen et al. (eds.). (2018a)

World Values Survey: Round Four - Country-Pooled Datafile. Madrid, Spain and Vienna, Austria: JD Systems Institute and WVSA Secretariat, doi.org/10.14281/18241.6（二〇二一年二月一九日アクセス）

———, C. Haerpfer, A. Moreno, C. Welzel, K. Kizilova, J. Diez-Medrano, M. Lagos, P. Norris, E. Ponarin and B. Puranen et al. (eds.). (2018b) World Values Survey: Round Six - Country-Pooled Datafile. Madrid, Spain and Vienna, Austria: JD Systems Institute and WVSA Secretariat, doi.org/10.14281/18241.8（二〇二一年二月一九日アクセス）

【注】

【1】Department of Statistics Singapore, M130581 Government Operating Expenditure By Sector, Annual. https://www.tablebuilder.singstat.gov.sg/publicfacing/createDataTable.action?refId=10304（二〇二一年七月一三日アクセス）

【2】成績によるコース分けであるストリーミング制は初等学校では二〇〇八年に廃止され、五年生からの教科ごとの習熟度別編成になった。中等学校におけるストリーミング制は継続している［シム二〇一七］が、改革が予定されている。

【3】シンガポールの教育制度は複雑であり、図表1は簡略化した図である。例えば、図中の中等教育のコースの割合は年度によって差があり、ノーマルにもアカデミックとテクニカルの二コースがある。また、中高一貫の統合学校、特別支援学校や他の学校種もあり、学校間にも多くのルートがある。

【4】National Population and Talent Division in the Strategy Group, Prime Minister's Office, Baby Bonus. https://www.madeforfamilies.gov.sg/raising-families/baby-bonus（二〇二一年一〇月三〇日アクセス）

【5】Ministry of Education, Edusave Account. https://beta.moe.gov.sg/fees-assistance-awards-scholarships/edusave-contributions/（二〇二〇年一〇月二三日アクセス）

【6】Ministry of Education, Post-Secondary Education Account (PSEA). https://beta.moe.gov.sg/fees-assistance-awards-scholarships/psea/（二〇二〇年一〇月二三日アクセス）

【7】目的が一部重なる制度として、日本の児童手当と比較すると、シンガポールの特徴は際立つ。金額は日本の児童手当がシンガポールより少ないということはない。ただし、異なる点として、日本では手当は親（児童を養育している人）の口座に振り込まれ、使途は子育てや教育に限定されていない。

【8】Ministry of Education, Gender Parity Index For Primary, Secondary & Tertiary Students. https://data.gov.sgdataset/gender-parity-index-for-primary-secondary-tertiary-students?resource_id=56122c03-3fd7-4146-ab22-049c1008ba46（二〇二一年二月一日アクセス）

【9】この月収はフルタイム雇用で雇用主からの年金等の支払いを含んだものである。

【10】Ministry of Manpower, Table: Gross Monthly Income From Work 2020. https://stats.mom.gov.sg/Pages/Gross-Monthly-Income-Tables2020.aspx（二〇二一年二月一日アクセス）

【11】エスニシティあるいは人種（シンガポール政府は人種という用語を使用している）。

【12】Wave 4 と Wave 6 は標本抽出や回収サンプルの性質に異なる部分がある。また Wave 6 が実施された二〇一二年から現在までの変化も考えられる。それらの点も踏まえ、本稿ではより信頼できる結果を得るために二時点の分析結果をあわせて考察する。

【13】両国以外の対象国も含めてみると日本で特に勤勉が重視されないといった方が結果をよく表している。

【14】重回帰分析では、属性のみ、次に家族状況、さらに社会階層、文化・民族、ジェンダー意識をくわえる階層的重回帰分析を行った。ここでは調整済み決定係数がもっとも高い全ての独立変数を入れたモデルを示している（ただし、決定係数は高いものではない）。

【15】Wave 6 の年齢の係数は有意でないが、年齢と女性ダミーのみを独立変数とした重回帰分析では、有意で係数がプラスであった。それらにくわえて家族状況などの別の独立変数を入れると年齢が有意でなくなったことから、家族状況など別の要因に年齢の効果が回収されたと考えられる。

【16】民族の係数は有意ではなく、家庭での使用言語は Wave 4 ではマレー語ダミーが、Wave 6 では英語ダミーとタミル語・インド諸語ダミーが有意で係数がプラスであるというように一部関連がみられた。宗教では Wave 6 では道教ダミーとカトリックダミーが有意で係数がプラスであった。解釈にはシンガポールにおけるこれらの言語や宗教の位置づけ、特に教育との関係を詳細に検討する必要がある。

【17】ただし、社会階層の上昇は教育達成によるものだけではない。シンガポールの社会学者タンによれば、学歴と職業のマッチングが重要な論点となる。シンガポールでは歴史的に上昇移動（彼の言葉ではシンガポールドリーム）が信じられてきたが、一九九〇年代、二〇〇〇年代には経済的な危機により、職業や給与の安定性が脅かされた［Tan 2015］。高学歴化が進み大学進学する人が増えたとして、その学歴に適したと人々に感じられる安定し、給与や威信の高い職業が十分に供給されるか。この点も、メリトクラシーの正統性に大きく関わるだろう。

【参考文献】

日本語文献

池田充裕［二〇一四］「強靭な学力を鍛え上げる学校――シンガポール」二宮皓編『新版 世界の学校――教育制度から日常の学校風景

まで』学事出版
坂無淳［二〇〇九］「シンガポールにおける高学歴男性の将来設計」『日本ジェンダー研究』一二号、九三〜一〇八
――／平林真伊／河野銀子［二〇二二］「シンガポールの高大接続とＳＴＥＭ分野への女子の進学――大学入学基準とＧＣＥ－Ａレベルの数学の分析を中心に」『福岡県立大学人間社会学部紀要』三〇（一）、五一〜六一
シム、チュン・キャット［二〇〇五］「高校教育における日本とシンガポールのメリトクラシー――選抜度の低い学校に着目して」『教育社会学研究』七六集、一六九〜一八六
――［二〇〇九］『シンガポールの教育とメリトクラシーに関する比較社会学的研究――選抜度の低い学校が果たす教育的・社会的機能と役割』東洋館出版社
――［二〇一七］「学力格差是正策に向けたシンガポールの取り組み――民族による方針と課題の違い」『比較教育学研究』五四巻、一六一〜一七三
田村慶子［一九九九］「創られる『家族の肖像』――『アジア的価値』とシンガポールの女性」田村慶子・篠崎正美編『アジアの社会変動とジェンダー』明石書店
――［二〇一六］「教育制度――すべての生徒の資質・能力を活かす独自のシステム」「女性の社会進出と出生率の低下――女たちの『反乱』？」田村慶子編『シンガポールを知るための六五章 第四版（エリア・スタディーズ一七）』明石書店
チュワ、ベン・ワート［二〇一一］「シンガポール――『シンガポール』の概観」猪口孝編『アジアを社会科学するシリーズ［４］アジア・バロメーター 東アジアと東南アジアの価値観 アジア世論調査［二〇〇六・二〇〇七］の分析と資料』慈学社出版
ヤング、マイケル［二〇二一］『メリトクラシー』窪田鎮夫／山元卯一郎訳、講談社エディトリアル

外国語文献

Brown, Phillip [1990] "The 'Third Wave': Education and the Ideology of Parentocracy." *British Journal of Sociology of Education*, 11(1): 65-85.
Ministry of Education [2020] *Education Statistics Digest 2020*. https://www.moe.gov.sg/-/media/files/about-us/education-statistics-digest-2020.pdf?la=en&hash=C5E45EEA6E424D9749F617A4D88A171F6E20AB9A（二〇二一年五月四日アクセス）
―― [2021] *Post-Secondary Education: Pursuing Pathways That Fit Your Interests, Abilities and Aspirations*. https://www.moe.gov.sg/-/media/files/post-secondary/post-secondary-school-booklet-2021.pdf?la=en&hash=398E972A115C7B3131A8D75EAC3748924D6FD3C（二〇二二年一月七日アクセス）

Tambyah, Siok Kuan, Tan Soo Jiuan and Kau Ah Keng [2010] *The Wellbeing of Singaporeans: Values, Lifestyles, Satisfaction and Quality of Life*. World Scientific.

Tan, Ern Ser [2015] "Social Mobility in Singapore." In *50 Years of Social Issues in Singapore*, edited by David Chan. World Scientific.

Teo, You Yenn [2017] "After Meritocracy." *Global Dialogue*, 7(1): 21-22. https://globaldialogue.isa-sociology.org/wp-content/uploads/2017/03/v7i1-english.pdf（二〇二一年三月九日アクセス）

——— [2019] *This Is What Inequality Looks Like* (new edition). Ethos Books.

コラム2　娘の選択――結婚するか独身のままか

KFAW海外通信員　ジョン・ヒョミン（韓国）

独身でいることは社会悪?

二〇一九年現在、周りの人々に自分が既婚者か未婚者であるかについて話す必要はないでしょう。しかし韓国ではこの現代社会においても、独身を貫くことは生き方として受け入れられておらず、男女を問わず結婚していないという事実は社会問題だと考えられています。韓国では、運命の結婚相手が現れるのを待っている独身者のことばかりを話題にしますが、非婚を選択した人のことが話題に上がることはありません。結婚することこそが安定を手に入れる唯一の方法であるという社会の考え方は、結婚しないことを選択した人々への否定的な認識を生み出しています。この考え方は、いわゆる〝普通〟の家族が社会の重要な要素であるという社会通念に基づいたものです。〝普通〟の家族という考え方では、男性は公の賃金市場で家族の生計を立てる責任によって、また女性はもっぱら家族という私的部門で家族や子供の世話を担い、出産をすることで社会の維持に貢献するのです。言い換えれば、もしも女性と男性が出会わず家族を作らなかったら社会が維持できなくなるということです。しかし社会全体から見れば、このことは非婚に対する否定的な見方に過ぎません。

女性たちの中には、周りの女性が結婚し、キャリアを断念したのを目の当たりにし、そのため結婚しないことを選択した人もいます。少子化が進む韓国では、非婚の女性たちは、社会の中でより価値のない存在と見なされます。非婚の女性は、男女別の階層を脅かし、それまで〝普通〟の家族の中では安定して営まれてきた出産を通じた社会の維持を妨げていると非難されているのです。

非婚の原因

非婚を選択した女性たちは伝統的な家族秩序の役割を担うことを避けている無責任な存在なのでしょうか?　マイクロミル社が二〇代を対象に行った調査では、非婚の最も大きな原因は、金銭的な負担や自分が一人の人間だという意識の喪失でした。しかし、その答えは性別によって大きな違いがありました。男性の回答は、高騰する住宅価格や生計の維持といった経済的負担を根拠にしたものでした。一方女性は、家事労働の負担や、義理の両親との関係、家族内の男性優位のジェンダーに基づく衝突、労働市場における経験の断絶などを理由として挙げました。つまり結婚した女性になることは、独身の間に築いた社会経済的な地位や関係を諦めて〝嫁としてのみ〟の人生を歩むようなものと捉えられているのです。

　このような考え方には、広範囲に及ぶ社会的な背景があります。韓国の女性の雇用率は一九八五年の四〇・九％から二〇一六年には五〇・二％に増えました。女性の教育レベルは向上し、経済活動への進出は大きく進みました。しかしながら、家事労働におけるジェンダーギャップは未だに大きく開いたままです。二〇一六年の統計庁の仕事・家庭両立指標によると、共稼ぎ家庭の女性は今でも大部分の家事を行っており、女性が家事に費やす一日の平均時間は三時間一四分なのに対し、男性が家事をしている時間はわずか四〇分でした。二〇〇四年の調査では、共稼ぎ家庭で一日平均女性が三時間二八分、男性が三二分家事をしていたことをみると、状況はここ一〇年間何も変わっていません。

非婚に対する率直な意見

　選択する自由が保障されなくては、選択する自由はないに等しいことになります。結婚しない自由が保障されて初めて自由が存在するのです。それゆえ、保障される必要があるのです。結婚はもはや強制されるものではありません。このような強迫観念から解放されてこそようやく女性の生活が多様なものとなるでしょう。

『Asian Breeze』
二〇一九年八月号　抜粋掲載

第3章
重い家庭の負担からの逃避
——台湾の家族と女性

田村慶子

はじめに

台湾の面積は三万六〇〇〇平方キロで、九州とほぼ同じである。人口二三六〇万人（二〇二〇年二月）の内訳は、原住民と呼ばれるポリネシア系の先住民族と、一六世紀以降に中国南部からやって来た福建や客家系の移民（本省人と呼ばれる、人口の八四％）、さらには一九四五年以降に台湾にやって来た中国各地からの移民（外省人、人口の一〇％）などという多様な人々から成る。

一九四五年八月、日本は敗戦によって台湾を放棄し、五〇年間の長きにわたった日本の植民地統治は終結した。台湾はカイロ宣言によって、当時大陸中国を統治していた中華民国に帰属することが決定された。一九四九年に中国共産党との国共内戦に敗れて大陸中国を失った蔣介石（Chiang Kai Shek）率いる中華民国政府は台湾に移転、同年五月に台湾全土に戒厳令を敷いて容赦なく反対勢力を弾圧するなど、一九八〇年代末まで強固な権威主義的統治が行われた。後述するように、一九九〇年代から急激に民主化が進み、社会は大きく変容しつつある。

図表1は、台湾の家族の世帯当たり平均人数、世帯の構成、高齢者人口と親族との同居率、一四歳以下や三五歳以上の未婚者が人口に占める割合、合計特殊出生率（TFR）などの家族の基本統計数字を、一九九四年と二〇一〇年で比較したものである。その比較から見える特徴は、まず、台湾の家族が小型化していること。つまり、一世帯当たり平均人数はかなり減少して単身世帯が増え、未婚者が増大し、少子化が急激に進展している。とりわけ、二〇一〇年のTFRが〇・八九人というのは世界最低水準であった。一方で、三世代同居率は一一・〇％である。日本の三世代同居率は二〇一五年で三・六％［日本総務省統計局二〇一五：五］であったことを考えると、台湾の比率はかなり高いと言

図表1　台湾の家族の基本統計（1994年と2010年の比較）

項目	1994年	2010年
世帯当たり平均人数（人）	4.0	2.9
世帯の構成（%）		
夫婦のみ世帯	10.0	11.0
夫婦・未婚の子	54.3	35.8
祖父母・父母・未婚の子	17.2	11.0
単身	7.0	22.0
高齢者と親族の同居比率（%）	—	88.1 *
65歳以上人口の比率（%）	7.1	10.7
0〜14歳人口の比率（%）	25.1	15.8
35歳以上の未婚者率（%）	女5.5／男9.2	女9.1／男11.7
合計特殊出生率TFR（人）	1.7	0.89

＊　2009年の統計数字。なお親族には配偶者、子ども、その他の親族が含まれる。
出典：行政院主計總處『社會指標統計表』（2005年、2013年）の該当項目より筆者作成。

える。

また、人口に占める高齢者（六五歳以上）の比率は一〇％を超えて台湾は高齢化社会となりつつあるが（二〇一七年には一四％を超えて高齢社会となった）、高齢者とその配偶者、子ども、親戚など親族との同居比率は驚くほど高い。

本章は、政府がどのような家族を理想と考えて家族政策を進めてきたのかについて分析し、なぜ家族の小型化が急速に進展しつつも、三世代同居率が高く、高齢者と親族の同居率も高いのか、家事・育児・介護の家族化と市場化の変容とその課題は何かを考察する。さらに、二〇一九年にアジアで初めて同性婚が合法化されたことに象徴されるような多様な家族のあり方を求める動きについても言及する。

なお、台湾の正式国名は中華民国であり、一九七一年までは国連の常任理事国であったが、中華人民共和国（中国あるいは大陸中国）の加盟とともに国連を脱退した。日本とは一九七二年まで正式な国交を持っていたが、日本は中国との国交樹立と同時に中華民国とは国交を断絶した。ただ、その後も台湾という名称で非公式な関係を続け、台湾は日本に実質的な大使館とも言える台北駐日経済文化代表処を、日本も台湾に財団法人交流協会を設置している。本章では、台湾が中華民国として国連の常任理事国であった時期も含めて、台湾という名称で統一する。

第一節　「家族の絆」の強化

1．中華文化復興運動

家族は、国家が男性あるいは女性に何を求め、何を期待するか、つまり国家のジェンダーバイアス化されたルールや期待が最も顕著にあらわれる場であるといわれる［Teo 2007: 427］。台湾も例外ではなく、蔣介石の強権的な統治の下、家族のあり方や家族の中での女性の役割に対する強引な政策的介入が「中華文化復興運動」の名の下で一九八〇年代末まで行われた。

中華文化復興運動とは、中国共産党政権の共産主義革命と文化大革命に対して提唱されたもので、「中華の伝統」である「家為国本、斉家報国（家は国家の基本、家を整えて国に尽くす）」という儒教思想と家庭倫理を政策の重要な柱とした。台湾こそが儒教倫理に依拠した「中華民族固有の伝統文化の担い手」であることを示し、大陸を奪い返すための統治政権のイデオロギーとするためである。儒家の始祖である孔子を祭る孔子廟は一九世紀末に台北に建てられたが、一九七〇年代には台中や高雄にも建立された。中華文化復興運動ではまた、大陸中国であまり行われなくなった季節の様々な伝統行事も奨励された。

写真１　台北市孔子廟（2019年台北にて筆者撮影）

2．「家を整えて国に尽くす」

一九五四年の国際婦人デイで、蔣介石夫人の宋美齢（Soong Mai Ling）が「女性は良妻賢母となり、国家と民族を守り、よい公民であることを目指すべき」［中国女性史研究会二〇〇四：二三七〜二三八］という演説を行ったことからもわかるように、中華文化復興運動の下で女性たちは妻として母親としての役割を果たすことが最も重要であるとされた。具体的なガイドラインとして女性たちに伝えられたのは以下である［Chen 2000: 56］。

- 父母と義理の父母に孝行する
- 家族内の高齢者を尊敬し、世話をする
- 親族に対して関心を持つ
- 夫の親族とよい関係を持つ
- 子どもや若者に良き行動を教える
- 兵役の義務を夫や息子、甥に伝え、奨励する
- 愛国運動に献身的に参加する
- 戦時には軍隊に参加する
- 選挙に参加する
- 伝統的中国文学の素養を持つ

このガイドラインは国家が女性にどのような一生を送ってもらいたいのかという、その理想像を物語っている。ま

ず子どものときは親に従い、高齢者（祖父母）の世話をし、結婚後は夫と夫の親族に仕えて妻として母親としての役割を果たし、子どもが少し大きくなる頃には、それまでの妻として母親としての愛を国のための愛に拡大して国防の一端を担い、余裕があれば中国古典文学の素養を身に着ける、という一生である。女性たちに国防の一端を担わせるのは、この時期の台湾が置かれた国際状況を反映している。

このガイドラインの下、女性が母親になると「母親教室」が頻繁に開かれ、家庭管理、食物と栄養、児童教育、家庭衛生、家族の服飾に関する指導や講義が行われた。また、住みよい住宅、清潔な衣服、食物と栄養、家庭財務管理に関する『ママ読本』などの冊子も配布された［宮崎二〇一四：三七］。

このように、女性は「家を整えて国に尽くす」ことがその役割であり、法的には夫に従属する存在であった。大陸を統治していた中華民国政府が一九三〇年に制定した民法は改正されることなくそのまま台湾に持ち込まれ、そこでは「夫が主たる家計の担い手である、夫の居住地が妻と子の居住地となる、妻は夫の姓を冠し、子は夫の姓を名乗る、結婚後の妻の財産は夫が管理する、未成年の子に対する親権の行使は父の意思を優先する、離婚した子の監督権は父親に付与される」［Chen 2000: 61-65］と定められていた。民法では女性にも財産相続権が認められていたものの、娘は財産相続を放棄するように迫られることがほとんどであった。この家父長主義的な民法が改正されるのは一九九六年である。

また、一九五〇年代の急激な人口増加にもかかわらず、人口抑制政策は採られなかった。伝統的な大家族観と大陸を奪回するためにはなるべく多くの兵士が必要だったからである。TFRは一九五五年で六・五人、一九六五年で五・〇人［伊藤二〇一二：五二］である。一九六五年になって初の家族計画が策定されたが、出生数の抑制のために無料あるいは安価で避妊具を配布することが中心で、あまり効果はなかった。この時期も人口抑制はほとんど考慮されていなかったのである。

台湾は一九六〇年代から労働集約型産業を中心に急激な経済成長を遂げ、大量の若い女性が労働者として動員された。一九七〇年で衣服産業労働者の八六％、織物産業の七九％が女性［Chen 2000: 71］だったにもかかわらず、「夫が主たる家計の担い手である」ため、女性は結婚あるいは出産すると自主退職するのが当たり前とみなされた。結婚あるいは出産しても家計を助けるべく仕事を続ける女性も数多くいたが、女性の就業を保障する法律は存在しなかった。また託児所もほとんど存在しなかった。子育ては家庭で行うべきで、託児所は家庭がその役割を担えないときに国家が補助して整備するものという考えだったからである。一九七三年に児童福祉法が制定され、ようやく託児所を整備することが奨励されたものの、これは台湾が国連を脱退するという時期に制定されたもので、国際社会に対して台湾が民主国家であることを示すための「政治的装飾品」だったと揶揄されている［王／張二〇〇〇：三一六］。ようやく一九八〇年代になって、農繁期の臨時託児所が整備されただけであった。

このように戦後五〇年間の台湾では、中華文化復興運動の名の下で伝統的ジェンダー規範が国家によって強化された。国家が家族のあり方とそのなかで女性が妻として母として果たすべき役割を決定したのである。その意味で、中華文化復興運動は台湾の女性たちに多大な犠牲を払わせたと言えるのかもしれない。加えて、台湾の国際的孤立は、一九七六年から八五年の「国連女性の一〇年」や一九七九年の国連女性差別撤廃条約という世界的な男女平等の流れから台湾を遠ざけ、家父長的で女性差別的法体系を一九九〇年代まで永続させた。

なお、中華文化復興運動の下で警察には「性的不道徳者」を取り締まる権限が与えられ、売春婦（夫）、性的マイノリティ（レズビアン、ゲイ、トランスジェンダー、バイセクシュアルなど）は厳しい取り締まりの対象となった。一九八五年に台湾人初のＡＩＤＳ患者が確認されると、台湾保健省は麻薬常習者と売春婦（夫）、性的マイノリティの取り締まりをいっそう強化するとともに「一夫一妻制の素晴らしさ」を主張した。

第二節　民主化とジェンダーの主流化

1．民主化の進展と根強い家父長主義的な家族観

一九八七年に戒厳令が解除されると、強固な権威主義的統治が緩み、民主化を求める政治運動に加えて労働運動や学生運動、女性運動などさまざまな社会運動が盛んになり、多くの市民団体が次々と設立された。欧米の大学や大学院で学び、戒厳令解除とともに帰国した研究者や活動家が運動に積極的に参加、支援した。父親と夫の権利を優先する家父長的な民法の改定とジェンダー平等を目指した新たな法律策定に大きな役割を果たしたのは女性団体や女性弁護士で、特に戒厳令時代から「平等で調和の取れた社会」を目指して活動していた婦女新知雑誌社は、一九八七年に婦女新知基金会に改称して積極的に声を上げ、性被害犯罪防止法や家庭内暴力防止法、性別平等工作法の策定に重要な役割を果たした【1】。

政権もまた民主化とジェンダー平等を推進した。国際的に孤立する台湾にとって、民主化は台湾の存在を世界、とりわけ欧米諸国にアピールするために重要だったからである。加えて、ジェンダー平等の推進は「脱儒教（中華文化復興運動の廃止）」として戒厳令時代との差異を明確にすることでもあったため、婦女新知基金会が提唱する法制度の改革と方向性を同じくした。一九九七年には行政院（日本の国会にあたる）下に婦女権益促進会が、教育部（文科省にあたる）下に両性平等委員会が設置された。さらに二〇〇〇年三月に民主進歩党（民進党）の陳水扁（Chen Shui Bian）が「人権大国」を掲げて総統（大統領）に就任、初の政権交代も実現すると、一連の法制度改革がきわめて円滑に進んだ。

民進党は、戒厳令下の国民党一党独裁体制下で政党結成の自由がなかった時代の一九八六年、国民党に批判的な勢

力を結集して結成した台湾政治史上初の野党で、一九八九年に政党結成が解禁となって合法化されると、民主化を推進した。婦女新知基金会をはじめとする女性団体は民進党政権といわば手を組み【2】、改革を実現させたのである。性被害犯罪防止法は一九九七年に、家庭内暴力防止法は一九九八年に成立した［宮園二〇〇八：一九九～二〇〇］。

もっとも、五〇年間にも及ぶ家父長主義的な家族規範と女性観が変わるのは容易なことではなかった。台湾の性別平等工作法は、一定数以上（三〇〇人以上）の被雇用者を有する事業所は託児所を設置しなければならないこと、セクハラ防止や救済申立手段が確立していること、男性差別や間接差別の禁止が明記されているために、日本の男女雇用機会均等法に比べて進んでいると評価される。だが、婦女新知基金会が一九九〇年に男女工作平等法案としてこの法を提案してから成立するまでに一〇年以上を要したのは、家父長主義的な家族観と女性観が根強かったためである［張二〇〇〇：三七八～三七九］。

法案が審議されていた一九九五年、行政院長（首相にあたる）や国民党副主席を歴任した郝柏村（Hau Pei Tsun）のような著名な政治家は「我が国の社会福祉制度は国民の勤勉さと家庭での親孝行を基本とすべきである。社会福祉は、国民の勤勉さと家庭での親孝行という伝統的な美徳を損なってはならない」と反対を表明した［王／張二〇〇〇：三二六］。また経済団体も企業が負担するコストが大きすぎるとして強く反対し、法案は一時挫折した。

一方で、法案が審議されていた一九九〇年代、女性の職場進出が急激に進んだ。図表2は一五歳以上の女性と男性の労働化率の推移を示す。一九八〇年には約四〇％であった女性の労働化率は一九九〇年には四四・五％、二〇〇〇年には四六％に上昇し、既婚女性の

図表2　15歳以上の女性と男性の労働化率の変化（単位：％）

	1980年	1990年	2000年	2017年
女性全体	39.25	44.50	46.02	50.92
既婚女性＊	32.19	42.30	46.14	49.11
男性全体	77.11	73.96	69.42	67.13
既婚男性＊	88.95	84.76	79.00	69.00

＊既婚女性・既婚男性には離婚や死別は含まない。
出典：行政院主計總處『2017年人力資源調査統計』より筆者作成。

労働化率もこの二〇年間に一四％も上昇していて、「女性は結婚あるいは出産したら家庭に入る」のではないことを示している。だが、性別による職種の区別によって男女の賃金格差は大きく、職場におけるセクハラや女性差別、結婚や妊娠による解雇も当然のようになされていた［張 二〇〇〇：三七九］。このような旧態依然とした職場環境への女性たちの不満が高まり、婦女新知基金会は一九九四年の台北市や高雄市という大都市の市長選挙で勝利した民進党とともに粘り強く法案の実現を進めたのである。法案は二〇〇一年に両性工作平等法として成立、二〇〇八年に一部改訂されて性別平等工作法となった。

しかしながら、性別平等工作法は女性が家庭にいることが前提で、女性の稼ぎは従来通り「家計の補助」と見なされ、女性の経済的自立が保障される設計にはなっていない。それは、

・女性労働者は、労働基準法で義務づけられている八週間の出産（産前産後）休暇（有給）と二年以内の育児休暇を取得することができる
・二〇〇九年四月までは育児休暇中は無給だった
・二〇〇九年五月からは就業保険から育児休業給付が支払われるようになったが、基準給与の六〇％が六か月間支払われるだけである
・育児休暇や家庭（介護）休暇の取得のために、雇用主が人事などで不当な扱いをしても罰則規定はない
・家庭（介護）休暇（七日以内）は無給である
・妻が働いていないと夫は育児休暇や家庭休暇が取れない

などという規定になっているからである［宮崎 二〇一四：五二、上村 二〇一〇：一六二］。経済界と保守的な政治家の多く

が反対するなかで性別平等工作法を成立させるには、このような妥協が必要だったのであろう。

したがって、多くの女性は八週間の出産休暇を取るだけで職場に復帰して働き続けるという選択をすることになる。長期の育児休暇を有効活用するのは、復職を拒否されることのない政府公務員か公立学校の教員だけという調査結果が出ている［Lee and Lin 2016: 276］。

2．重い家庭の負担

①子育て

仕事をしながら出産・育児をする女性とその家族にとって、頼りになるのはまず託児所などの保育施設である。台湾では二〇一二年に幼児教育及び保育法という法律が施行され、幼稚園と託児所（日本の保育園）が統合されて二歳以上の子どもを預かる幼児園になった。〇～二歳未満の乳児を預かる施設は乳児センターであるが、その数は少なく、二〇一二年で台北市内にわずか二一カ所しかなかった［宮崎二〇一四：五六］。

これは乳児の世話は母親か家庭の責任と政府が見なしているからであり、また多くの人もそう考えていることが統計にも表れている。図表3に示すように、二〇一六年で三歳未満の乳児を自身あるいは配偶者で世話している夫婦は

図表3　育児の主体（15歳～49歳の子どもを持つ女性）2016年10月（単位：%）

	3歳未満（最近3年以内に出産）		3～6歳（最近6年以内に出産）	
	現実	理想	現実	理想
自身 or 配偶者	47.33	78.79	24.52	33.95
自身 or 配偶者の父母	39.31	17.12	15.60	6.69
外国人ケア労働者	0.05	0.06	-	0.17
親戚	0.93	0.57	0.66	0.20
ベビーシッター	10.23	2.59	2.00	0.86
職場の敷設託児所	0.07	0.20	1.18	2.67
公立幼児園 / 乳児センター	0.36	0.16	16.84	31.11
私立幼児園 / 乳児センター	1.71	0.52	39.20	24.34
総計	100	100	100	100

出典：行政院主計總處（2016:10）より筆者作成。

四七・二三％であるが、自分たちでケアするのが理想と答えている人は七八・七九％にものぼる。つまり、乳児のケアは母親である自分と配偶者の責任と考えているため、乳児センターの数がなかなか増えない。三〜六歳の子どもの世話でも理想は自分たちと答える人が三三・九五％である。女性たちは理想と現実の間で常に悩みながら子育てをしていることになる。なお、三〜六歳になると公立あるいは私立の幼稚園か託児所を利用する人が増加している。後述する外国人ケア労働者に世話を任せる比率はとても低い。

また図表3からわかるように、三歳未満の子どもがいて働く女性の場合には、その三九・三一％が子どもを自身あるいは配偶者の父母に、〇・九三％が親戚に預けて、一〇・二三％がベビーシッターを雇用し、保育施設の利用はわずかである［Lee and Lin 2016: 268］。ベビーシッターとは、政府が二〇一一年に開始した在宅式の保育サービスのことで、〇〜二歳の乳児保育などのトレーニングを一二六時間以上受けた人は有資格者となり、登録される。家族や親戚が乳児の世話をすることを奨励するために、家族や親戚が資格を取ると政府から補助金が出る。また、一定以下の収入の夫婦がベビーシッターを雇用する場合も政府は補助金を支給する。これは乳児の世話は家庭に責任があるという政府の考え方の反映でもある。

父母や親戚、ベビーシッターに頼って乳幼児を育てる女性をさらに悩ませるのは、夫の家事・育児・介護時間の短さであろう。一五歳以上の既婚女性は毎日平均三・八一時間の家事・育児・介護労働をするが、その配偶者はわずか一・一三時間である［行政院主計總處二〇一六：九］。夫がするのは日常品の買い物と子どもの世話だけと言われている。したがって、女性の離職の要因は結婚と出産になってしまう。二〇一六年の統計（図表4）によれば、一五〜六四歳の既婚女性で仕事を持つ人は五七・二四％であり、離職した人の一七・五六％が「結婚のため」、一一・九五％が「出産・育児のため」で、八・一四％が「その他の理由」であった。

図表4　既婚女性（15歳～64歳）の学歴別就業状況と離職の理由　2016年10月

単位：%

	労働化率	離職の理由			ずっと継続して就業
		結婚	出産・育児	その他	
総計	57.24	17.56	12.95	8.14	53.09
【教育程度】					
中卒以下	44.05	29.63	13.08	8.65	29.63
高卒	56.76	21.72	16.16	9.57	44.23
大卒以上	65.46	9.36	10.29	6.76	69.64

出典：行政院主計總處（2016: 10）より筆者作成。

図表5　子どもがいる女性（15歳～49歳）の学歴別の育児の主体　2013年8月

単位：%

	3歳未満（最近3年以内に出産）				3～6歳（最近6年以内に出産）			
	総計	中卒以下	高卒	大卒以上	総計	中卒以下	高卒	大卒以上
自身と配偶者	51.82	73.43	57.43	38.45	23.17	30.91	24.48	18.03
父母	37.08	23.67	35.22	43.66	13.47	9.43	13.65	15.05
その他親族	1.00	0.51	1.05	1.12	0.23	0.11	0.19	0.33
ベビーシッター	9.07	2.10	5.78	14.96	1.55	0.33	1.16	2.61
外国人ケア労働者	0.27	0.23	-	0.57	0.11	0.21	-	0.21
職場の付設託児所	0.13	-	0.09	0.21	0.56	0.14	0.51	0.80
公立幼児園	0.04	-	0.01	0.09	17.34	25.36	18.43	12.36
私立幼児園	0.59	0.06	0.43	0.95	43.56	33.51	41.58	50.60

出典：行政院主計總處（2013: 10）より筆者作成。

図表6　子どもがいる女性（15歳～49歳）の月平均託児費用　2016年10月

単位：台湾元

	平均	ベビーシッター	私立幼児園	公立幼児園
3歳未満（最近3年間の出産）	16,007	16,479	16,724	8,313
3～6歳（最近6年間の出産）	8,719	16,505	10,311	3,761

1台湾元は約4円（2020年12月現在）

出典：行政院主計總處（2016: 10）より筆者作成。

②高齢者の介護

さらに高齢となった親の世話は家族、特に息子の責任と見なされていて、「親を介護施設に入れるのは恥」と考える人が多いため［Chen 2000: 47］、本章の冒頭で述べたように高齢者と親族の同居比率はきわめて高い。

二〇一九年の台湾人の平均寿命は男性七七・六九歳、女性八四・二三歳で、医療水準や生活の質の向上、食の安全への関心やスポーツの機運の高まりによって過去最高を記録した。【3】衛生福利部の最新統計によれば、六五歳以上の高齢者は人口全体の一四％を占め、配偶者や子どもと同居する人は八〇％であるが、一人暮らしは九・六％と徐々に増えている。高齢者のうち二六・七％が日常生活に何らかの不自由があり、常に世話をする人が必要であるが、世話をする主体は家人六七・一％、外国人ケア労働者一七・一％（外国人ケア労働者については後述）である［衛生福利部二〇一七：二～四］。つまり、ほとんどの高齢者は家族が介護しているか、家族が外国人労働者を雇用して世話をさせているかどちらかで、いずれにしても家族が主体であることは変わらない。『二〇一六年婦女婚育與就業調査報告』によれば、既婚女性は配偶者の二倍の時間を高齢者介護に費やしていることから［行政院主計總處二〇一六：九］、高齢者の世話の主体は家族のなかの女性と考えられる。高齢者介護は、女性の負担をさらに重くしていると言えよう。

③階級・収入格差

ただ、女性全体にとって家族の世話が重い負担になっているものの、女性の学歴によって就業状況や乳幼児の世話の仕方が大きく異なる。

図表4に示すように、高学歴女性の就業はかなり活発で、彼女らの多くはずっと仕事を続けている。一度も仕事を辞めずに継続して働く女性は、中卒以下では約三〇％しかいないが、大卒以上では約七〇％にも上っている。

図表5は、一五歳から四九歳の女性が子どもの世話をどのように行っているかを学歴別に示したものである。三歳

未満の子どもがいる女性は、学歴が高くなればなるほど子どもを父母に預けるか、ベビーシッターを雇っている。三歳から六歳の子どもを持つ女性の場合は、学歴が高くなればなるほど父母に頼るか私立の幼児園を利用する比率が高くなる。

図表6は、一五歳から四九歳の子どもがいる女性が支払っている託児費用である。三歳未満の育児は三歳から六歳の育児に比べて二倍のお金がかかる。三歳未満の子どもを私立幼児園かベビーシッターに任せる場合の料金はほぼ同じであるが、公立幼児園はその半額である。三歳から六歳の子どもをベビーシッターに任せると最もお金がかかり、私立幼児園、公立幼児園の順で費用が安くなる。なお、図表4と図表6が二〇一六年一〇月の統計で、図表5が二〇一三年八月の統計なのは、行政院主計總處の『二〇一六年婦女婚育與就業調查報告』には図表5の項目がないためである。

つまり、活発な就労を続ける高学歴女性は、子どもが三歳未満の場合は父母に預けるか高額な料金を支払ってベビーシッターに預け、三歳から六歳までは私立幼児園に預けるか、公立幼児園と父母に頼っている。学歴が上がれば高い給与を得る職業に就いていることが予想されるため、高額な料金のベビーシッターや私立幼児園を利用することができるのであり、学歴が高く収入が多い女性ほど、育児に市場サービスを利用していることになる。また、高学歴女性の父母が子どもの世話をする比率が高いのは、娘に高等教育を受けさせることができる親は経済的にも時間的にも余裕があるので孫の世話が可能だと考えられる。経済的に余裕がない親は仕事をしなければならないため、孫の世話をする時間がないのである。

すでに述べたように、乳幼児の世話は家族とくに母親の責任と考えられているため、政府は乳児センターの充実など育児の社会化に熱心ではない。そのため、高収入層は高額なベビーシッターや私立幼児園に乳幼児を預けるのであり、子どもが生育する環境において階級格差が顕著にあらわれる。

第三節　重い家庭の負担からの逃避と多様な家族

1．外国人ケア労働者の導入

台湾で外国人労働者の導入が開始されたのは一九八九年で、建設業での労働者不足のためであった。一九九〇年に外国人労働者の受け入れは合法的な受け入れとして認可され、一九九二年になると建設業以外の製造業や家事労働、介護関連での受け入れを許可した。当初の最大労働許可期間は三年だったが、二〇〇二年から最大二回（六年間）の更新を認め、現在では一二年、家庭介護は一四年まで延長できる。

制度構造としては「専門職」と「非専門職」に分かれる。「非専門職」とは非熟練労働者のことで、「外労」（外国籍労働者）と呼ばれる。「外労」を雇用できるのは「家庭看護・介護」「家事」「施設看護・介護」「製造」「建設」「海洋漁業」「屠畜業務」の七つの業種である。【4】アジアにおいて外国人家事労働者を早くから受け入れたシンガポールや香港では、家庭での家事労働と看護・介護（ケア）労働を区別していない。この二つを区別するのは、台湾の特徴であろう。なお、施設で働くケア労働者には男性もいるが、雇用者の自宅で働くケア労働者はほとんど女性である。家庭で働くケア労働者には住み込みと通いがあり、施設の場合はほとんど住み込んで働いている。

台湾で働く「外労」は一九九一年の二九九九人から二〇一三年には四八万九一三四人、二〇一九年には七一万八〇〇〇人を超えた。特に当初は「外労」全体のわずか二%を占めるに過ぎなかった介護施設と家庭での看護・介護を担うケア労働者は急増し、二〇一九年一二月には二五万九六六〇人と、全体の三六・二%を占めている［勞動部勞動力發展署 二〇二〇：三］。一方、家事労働者を雇用する場合は「六歳未満の子どもが三人以上いる場合」など厳しい

写真２　台北市の「ミャンマー人街」−「外労」相手の飲食店などが並び、彼ら・彼女らが夕方や週末に集まる憩いの場所に、また近年は観光名所にもなっている（2019 年台北にて筆者撮影）

写真３　台湾最大の台北モスク（イスラム寺院）−インドネシア人など大勢のイスラム教徒が毎週金曜の集団礼拝に集う（2019 年台北にて筆者撮影）

条件が付くので、家事労働者の数は二〇〇〇〇人に満たない。

介護施設が少ないために施設で働くケア労働者はわずか二〇〇〇〇人余りであり、ケア労働者の圧倒的多数は雇用者の家で身体障害者や日常生活に支障がある高齢者の世話をしている。その七七％がインドネシア人、その他はフィリピン人やベトナム人である。このような労働者を雇用する場合は、一人につき就業安定費（主として台湾人の職業訓練の実施、就業情報の提供などに役立てるために活用される）五〇〇〇台湾元（約二万一〇〇〇円）を政府に支払わねばならないが、雇用する家庭の収入が一定以下の場合は、就業安定費が免除される。つまり、高齢者や身体障害者の看護・介護に外国人を雇用することを政府自ら奨励しているのである。雇用する方も、「家庭内に住み込んでいる他人」が高齢の親を世話するのだから家族が世話するのと変わらないと考えて、親孝行の面目を保っているのであり、高齢者の世話をする主体である女性たちは重い家庭の負担から逃れていると言えよう。

なお、「家族の一員」なのでケア労働者には労働基準法が適用されない。ケア労働者の七〇％以上が台湾の最低賃金以下で働いている［西下二〇一七：二〇］。外国人ケア労働者を雇用する家庭については、本章のコラム「台湾における外国人労働者と家族の変容」も参照して欲しい。

2. 進む少子化

図表1に示したように、二〇一〇年のTFRは〇・八九人と世界で最も低かった。二〇一八年でも日本の一・四二を大きく下回る一・〇六人で、やはり世界最低水準である［『毎日新聞』二〇二〇年八月五日］。

政府が人口増加のために出産奨励策「人口政策のためのガイドライン」を打ち出したのは一九九二年であったが、この時は具体的な対策は何も発表されなかった。環境保護団体と女性団体から強い抵抗があったためである。環境保護団体は「台湾の人口密度は世界的に見てもかなり高いので、人口増加は環境に負荷を与える」と主張し、女性団体は「ジェンダー平等の視点のない出産奨励政策は、女性の負担を増大させる」として反対した［Lee and Lin 2016: 271］。一九九〇年代は政権によって民主化とジェンダー平等が推進された時期で、市民団体は社会政策の形成に大きな影響力を持ちつつあったのである。

ただ、TFRが一・〇を下回るようになった二〇〇八年に出された「人口政策白書」によって、ようやく具体的な出産奨励策が打ち出され、出産祝賀金の支給、出産・育児休暇の延長、一定の所得以下の世帯への児童手当の支給などが行われることになった。だが、すでに述べたように育児休暇中に支払われる給与は制限される（最初の六カ月間のみ六〇％が支払われる）など、女性が家庭にいることが前提とした奨励策であって、決して女性の経済的自立と育児の両立を奨励するような政策とは言えなかった。二〇一三年には「人口政策白書」が改訂され、年に一八万人の出産という数値目標の下、結婚機会の増加、託児施設の充実、子どもを持つ家庭への経済支援が掲げられた［Lee and Lin 2016: 272］。

だが、託児施設はあまり増加しておらず、政府はベビーシッターを雇用する際の補助金を増額したり、乳幼児の世話をする祖父母がベビーシッター資格を取得する際に補助金を出すなどするだけである。「政府は三世代同居というスローガンを唱えるだけで、育児や高齢者介護に予算を投入しようとしない」［林 二〇〇二：七］と批判されるゆえんである。

したがって、女性たちは結婚を回避し、結婚しても子どもを産まないという選択をする。二〇一〇年の調査によれば、一五歳以上の台湾女性は二・三人から二・七の子どもが欲しいと望んでいるにもかかわらず、である［王／王 二〇一四：三二］。台湾女性のTFRが世界最低の水準であるのは、当然なのかもしれない。図表1で示したように単身世帯が急増しているが、そのうち半数は女性の単身世帯と言われる［Hsueh 2014: 205］。

では深刻な少子化問題に対して、政府はどう考えているのだろうか。その答えは新住民と呼ばれる海外出身者への期待である。台湾人と海外出身者の結婚は一九九〇年代末から増加し、台湾人と中国大陸出身者の結婚は二〇〇三年には結婚総数の二〇・二%にも上った。一方、台湾人と東南アジア出身者の結婚は二〇〇三年には結婚総数の一〇%、二〇〇四年には一四%と急増した。その直後に結婚をあっ旋する業者への規制が厳しくなって結婚件数は大きく減少するものの、大陸出身者との結婚は結婚件数全体の毎年七~八%前後、東南アジア出身者との結婚も三~四%前後を占めている［行政院主計總處 二〇一三］。近年は南向政策と呼ばれる東南アジア諸国との経済や人的交流の増大を目指す政策の下で、東南アジアから台湾の大学に留学しやすくなり、そのまま台湾で就職して台湾人と結婚するケースも増えている。このようにして台湾人と結婚した外国出身者は二〇一九年で五六万人、二〇一〇年から二〇一九年に台湾で生まれた子どもの約一〇%はこの新住民の子どもで、新住民政策を担当する移民署移民事務部長は「新住民は少子化問題の深刻化を防いでいる」と述べている［『毎日新聞』二〇二〇年八月五日］。

つまり政府はこの子どもたちを次世代の貴重な担い手と見なし、二〇〇三年には新住民支援の基金を設置し、無料の台湾華語（国語である標準中国語のことを台湾では台湾華語と呼ぶ）教室などを運営し、市民団体と連携して学校でのいじめ対策にも力を入れている。二〇一五年には「新住民子女教育の五年中期計画」が発表され、新住民とその子どもの台湾社会への統合だけでなく、新住民の子どもが持っている多様な言語学習環境や国を跨いだ文化の中で成長してきた優位性を取り込んでいくことの重要性が強調された［當銘 二〇一九：六二］。それを受けて、台湾の小中学校ではベトナム語やタイ語、インドネシア語などを選択して学習することも提案されている。

世界の多くの地域で移民の流入が国民の反発を招き、移民への差別感情が深刻な問題を引き起こしているが、台湾では今のところ大きな摩擦は起きていない【5】。一九九〇年代から進んだ民主化の中で、原住民を含めて多様な民族を横断する台湾人アイデンティティをどう醸成するかという議論がなされてきたため、移民を受け入れやすい土壌が生まれているからであろう。

3．婚姻平等の推進

二〇一七年五月、台湾の憲法裁判所は「同性カップルに婚姻の権利を認めない現行の法制度は違憲状態である」と判断し、二年以内の法律改正を求めた。そしてちょうど二年後の二〇一九年五月、立法院でアジア初となる同性婚を認める特別法案が可決され、同性カップルにも異性カップル同様の「婚姻」の権利が認められた。税金控除や扶養義務、二人の婚姻関係を終わらせる際の取り決めなどについても、異性カップルの婚姻と同様の規定が適用されることになった。

台湾でこのような画期的な法案が可決されたのは、第一に、一九八七年に戒厳令が解除されて権威主義的な統治が緩んで自由な空間が瞬く間に拡大したことであった。労働運動や学生運動、女性運動の活発化とともに、これまで息をひそめて生きてきた性的マイノリティも自らの権利擁護のために立ち上がり、欧米の大学でジェンダー論やセクシュアリティ論を学んで帰国した研究者が運動を理論的に支援した。一九六〇年代後半に欧米で始まった性的マイノリティの権利擁護運動が一九九〇年前後にはアジア各地にも広がり、世界的な潮流となりつつあったことも運動を勢いづかせた。第二に、台湾が国際的に孤立しているからこそ、民主化は台湾の存在を世界にアピールするために重要であり、政権も「人権大国」を掲げるなどしてそれらの運動を後押しした。第三に、大陸中国では一九九七年まで同性間性行為は刑法における道徳的腐敗として刑罰の対象であったため、台湾にとって中国と差別化するためにも性的マイノリティの人権や法的権利を拡大することは重要なテーマとなったのである。

二〇〇三年に始まった台北プライドパレードは、今やアジア最大規模となり、日本を含む近隣諸国からの参加者も

写真４　2018 年 10 月の台北プライドパレードー性的マイノリティの存在をアピールし、その法的権利の拡大を求めるパレード（2018 年台北にて筆者撮影）

写真５　台北プライドパレードを見学に来たインドネシア人ケア労働者と彼女らに介護される高齢者（2018 年台北にて筆者撮影）

多い。二〇一八年には一三万人が参加して法律改正を後押しした（写真４、５）。

もっとも、当初は民法を改正して異性カップルにも同性カップルにも婚姻を認めるという婚姻平等を市民団体は要求していた。だが、二〇一八年に行われた住民投票で「同性カップルの婚姻は異性カップルとは別の法律を作ることによって認めるべき」という案が多数を占めたために、民法の改正は見送られ、同性カップルの婚姻を認める特別法案が可決された。なお、特別法において同性カップルは「血縁関係のない子ども」を養子に迎えることはできない。

ただ、特別法であっても同性カップルの婚姻が合法となったことの意義は大きく、法案可決の直後から同性カップルの婚姻届の受理が始まり、可決後の最初の日曜には同性カップルの結婚式が相次いだ。二〇二〇年末までに全婚姻件数の二・一％にあたる五三二六組の同性カップルが結婚した【6】。このうちの一六組にインタビューした研究者は、二人の結びつきは生殖・血縁家庭ではなく共通の趣味や目標であることから、同性カップルとは個人主義的な関係と主観的選択的関係の上に成り立つ新たな家族形態であると結論づけている［謝／曾二〇一五：二二］。「女性は妻として母として家族を支える」という中華文化復興運動以来長きにわたった家父長的な「伝統的家族」とは全く異なる、新しい家族形態が台湾で徐々にではあるが出現しつつあると言えるだろう。

おわりに

台湾では一九九〇年代に急速に社会の民主化が進み、家庭内における女性の権利がほとんど認められていなかった民法は一九九六年にようやく改正された。性被害防止法、家庭内暴力防止法、性別平等工作法なども次々に制定されて、家庭と職場におけるジェンダー平等が進められた。国際的に孤立する台湾にとって、民主化とりわけジェンダー平等は「脱儒教」として国民党統治時代との差異を明確にすることでもあったからである。性的マイノリティの人権や法的権利の拡大も、台湾の民主化と大陸中国との差別化を国際社会に示すために重要なテーマと見なされ、アジアで初の同性婚の合法化に至った。

ただ、五〇年間に及ぶ家父長主義的な家族規範と女性観が変わるのは容易なことではなく、日本の男女雇用機会均等法よりも高く評価される性別平等工作法でも女性が家庭にいることが前提で、女性の稼ぎは「家計の補助」と見なされ、女性の経済的自立が保障される設計にはなっていない。台湾の給与水準は年々上昇する物価に比べて低く抑えられているため、男性賃金だけでは家計を維持することができず、夫婦二人とも働く必要があるにもかかわらず、である。【7】

女性は重い子育ての負担も負っている。三歳未満の乳児のケアは家族とくに母親の責任と本人自身も考えているため、乳児を預かってくれるセンターの数はなかなか増えない。一方で、「高齢の親を介護施設に入れるのは恥」と考える人が多く、高齢者介護は女性の負担をさらに重くしている。台湾女性のTFRが世界で最も低いのは、このような家庭の重い負担からの逃避と言えるだろう。

しかし、政府は家族や親族内での女性の立場や意識を抜本的に変える努力をするのではなく、家族（特に祖父母）や親戚にベビーシッターの資格を取ることで乳幼児のケアを家庭内で行うことを奨励し、高齢者や身体障害者のケアには外国人ケア労働者を雇用することを奨励する政策を進めている。深刻な少子化に対しては新住民とその子どもに期待している。ただ、新住民の子どもが増えたとしても、少子化問題の深刻化を少しだけ防ぐ程度で世界最低水準の少子化の解消に大きく貢献する可能性は低い。

重い家族からの負担を逃れようとする女性を減らすためには、女性の経済的自立を保障する法制度の充実、育児と高齢者介護の社会化を進めることが求められているのであるが、これらはなかなか大きな議論にはならない。経済界や保守的な政治家の強い抵抗もさることながら、二〇〇〇年以降の大陸中国の台頭にどう対処するかが、大きな政治的課題となったため、家族の問題は後回しになっているからであろう。

二〇二〇年、台湾のTFRは一・〇七人と再び世界最低になり、人口は死亡者数が出生者数を上回るという自然減に転じた。【8】二〇二一年五月現在、新型コロナウイルスの感染はほぼ抑え込まれて、シンガポールのような家庭内暴力や外国人ケア労働者の虐待の増加は見られないものの、ますます進む少子高齢化は深刻な問題となっている。家族の問題を後回しにすることはもうできないように思われる。

【注】

【1】婦女新知基金会「設立縁起」https://www.awakening.org.tw/content/5（二〇二〇年八月五日アクセス）
【2】福永はこれを「上から下への女性運動」と呼んでいる［福永二〇一七：九九］。
【3】『中央フォーカス台湾』http://japan.cna.com.tw/news/asoc/202008060004.aspx（二〇二〇年八月七日アクセス）
【4】勞動部勞動力發展署「移工工作資格及規定」https://www.wda.gov.tw/NewsFAQ.aspx?n=9C9CC6640661FEBA&sms=A1CA5B0D37C1A94B（二〇二〇年八月一四日アクセス）
【5】ただ全く問題がないわけではなく、台湾人と結婚した海外出身者（特に女性）への虐待や嫌がらせは報告されている［Yang 2014: 105-126］。
【6】「同性愛の比較文化史」（比較ジェンダー史研究会とイスラーム・ジェンダー科研研究会の合同研究会、オンラインで開催、二〇二一年二月一三日）で明治大学法学部鈴木賢教授から提供された資料から抜粋。
【7】二〇一七年末で、台湾人労働者の月収の中央値は日本円で一四万五〇〇〇円、年収の中央値は一七〇万円である［*Taiwan News*, August 18, 2020］。
【8】『東洋経済オンライン』二〇二一年五月一〇日。https://toyokeizai.net/articles/-/425200（二〇二一年五月一一日アクセス）

【参考文献】

日本語文献
伊藤正一［二〇一二］「台湾の少子化と政策対応」『人口問題研究』六八（三）：五〇〜六三
上村泰裕［二〇一〇］「台湾――政府が奨励した企業福祉とその変容」末廣昭編『東アジア福祉システムの展望――七カ国・地域の企業福祉と社会保障制度』ミネルヴァ書房
中国女性史研究会編［二〇〇四］『中国女性の一〇〇年――資料にみる歩み』青木書店
當銘美菜他［二〇一九］「台湾の新住民家庭の子どもに対する学校における支援の実際」『目白大学総合科学研究』一五号：五九〜七〇

西下彰俊［二〇一七］「台湾における高齢介護システムと外国人介護労働者の特殊性――在宅介護サービスを中心に」『現代法学』三三号：三～二八

日本総務省統計局［二〇一五］『平成二七年国勢調査―世帯構造等基本集計結果』http://www.stat.go.jp/data/kokusei/2015/kekka/kihon3/pdf/gaiyou.pdf　（二〇二〇年八月一日アクセス）

福永弦弥［二〇一七］「台湾におけるフェミニズム的性解放運動への展開――女性運動の主流化と逸脱的セクシュアリティ主体の連帯」瀬地山角編『ジェンダーとセクシュアリティで見るアジア』勁草書房

宮崎聖子［二〇一四］『現代台湾における子育てをめぐる言説の諸相とジェンダー』アジア女性交流・研究フォーラム調査研究報告書、二〇一三（二）、アジア女性交流・研究フォーラム

宮園久栄［二〇〇八］「韓国、台湾――家庭暴力罪と保護命令」岩井宜子編『ファミリー・バイオレンス』尚学社

『毎日新聞』

『中央フォーカス台湾』http://japan.cna.com.tw/news/asoc/202008060004.aspx　（二〇二〇年八月七日アクセス）

『東洋経済 ONLINE』二〇二一年五月一〇日。https://toyokeizai.net/articles/-/425200　（二〇二一年五月一一日アクセス）

外国語文献

Chen, Fen-Ling [2000] *Working Women and State Policies in Taiwan: A Study in Political Economy*, Palgrave.

Hsueh, Cherng-Tay [2014] "Diversity Among Families in Contemporary Taiwan: Old Trunks or New Twigs?" In *The Family and Social Change in Chinese Societies*, edited by Poston, Dudley L.et al. Springer.

Lee, Meilin and Yu-Hsuan Lin [2016] "Transition from Anti-natalist to Pro-natalist Policies in Taiwan." In *Low Fertility, Institutions, and their Policies: Variations Across Industrialized Countries*, edited by Rindfuss, Ronald R. and Minja Kim Choe. Springer.

Teo, Youyenn [2007] "Inequality for the Greater Good: Gendered State Rule in Singapore." In *Critical Asian Studies*, 39/3: 423-445

Tamura-Tsuji, Keiko [2022] "Human Rights of Sexual Minorities and Civil Society in Asia: A Comparative Analysis of Singapore and Taiwan." In *Changing Civil Societies in East Asia*, edited by Takenaka, Chiharu & Khatharya UM. Routledge, forthcoming.

Yang, Wan-Ying [2014] "The Differentiated Civil, Social, and Political Rights of Female Mainland Spouses in Taiwan." In *Immigration Societies: Taiwan and Beyond*, edited by Lipinsky Astrid. LIT, Berlin and Zurich.

Taiwan News

婦女新知基金会「設立緣起」https://www.awakening.org.tw/content/5（二〇二〇年八月五日アクセス）
勞動部勞動力發展署［二〇二〇］『一〇九年度移工權益維護報告書』勞動部勞動力發展署
勞動部勞動力發展署「移工工作資格及規定」https://www.wda.gov.tw/NewsFAQ.aspx?n=9C9CC664061FEBA&sms=A1CA5B0D37C1A94B（二〇二〇年八月一四日アクセス）
林萬億［二〇〇二］「台灣的家庭變遷與家庭政策」『臺大社會工作學刊』第六期：三五〜八八
謝文宜・曾秀雲［二〇一五］「臺灣同志伴侶的家庭圖像」『臺大社會工作學刊』第三一期：一〜五四
行政院主計總處［二〇一四］『社會指標統計表』
行政院主計總處［二〇一三］『二〇一三年婦女婚育與就業調査報告』
行政院主計總處［二〇一六］『二〇一六年婦女婚育與就業調査報告』
張静倫［二〇〇〇］「台湾的婦運議題與國家的性別政策——請求與回應」簫新煌・林國明編『台湾的社會福利運動』巨流圖書公司出版：三六七〜三八八
王淑英・張盈堃［二〇〇〇］「多元文化與托育服務——政體中心觀點的探討」蕭新煌・林國明編『台湾的社會福利運動』巨流圖書公司出版
王舒芸・王品［二〇一四］「台彎照顧福利的發展與困境 一九九〇〜二〇一二」陳華主編『台灣婦女處境白書』女書文化事業有限公司
衛生福利部［二〇一七］『二〇一七年老人狀況調査報告』

コラム3　台湾における外国人労働者と家族の変容

森田 豊子

二〇二〇年七月、世界ではまだ新型コロナウイルスの世界的な感染拡大が続いている中で、台北駅一階ロビーにスマイルマークとともに世界一〇カ国語に訳された「微笑み」の語が書かれた。この場所は感染拡大以前には休日になるとケア労働者を含む多くの外国人労働者が座っておしゃべりする姿が見られていた場所である。彼ら／彼女らはここで同郷人たちと母語でおしゃべりをし、日頃の生活の愚痴を言い合い、よい働き口や生活情報から台湾での行政手続き、自国の政治問題に至るまであれこれと情報交換を行っていた。台湾鉄路管理局は同年二月に感染対策として駅ロビーでのイベント開催や座り込みを禁止していたが、その後この措置への見直しが求められ、このマークが描かれた。コロナ対策による外出規制などが続いていて、いつ以前の状態に戻るのかはわからないが、ここがまた外国人労働者たちが集う場所として活用される可能性は示されたと言える。

筆者は一九九〇年代初めに東京でイラン人労働者たちが多く集まる上野公園に行ったことがあるが、そこでも同様の姿が見られた。社会的存在である人間が自然発生的に作りだす「場」を台北駅で再び見たような気がした。

台湾では日本と同様に少子高齢化が進み、ケア労働者の確保が問題とされてきた。およそ三〇年前から対策が進められ、ケア労働者としての外国人労働者の受け入れが進んできている。大家族の時代には家族の中からケア労働のできる人を探していたが、伝統的な大家族の形が変化することで、ケア労働を担える家族が簡単に見つからなくなった。他方で三章「重い家庭の負担からの逃避――台湾の家族と女性」にあるように、台湾では伝統的にケア労働は家族が行うものであるという意識が強く、高齢者を施設に預けることに抵抗感がある。そのため、外国人労働者を雇用し、在宅でケア労働を担ってもらうという形が多く見られるようになった。

どのような形で在宅ケア労働が行われているのかというと、例えば筆者の台湾人の友人の場合、外国人のケア労働者を雇用する際には、初めにケアの対象者である友人の父親と友人とケア労働者が三名で父親の家で半年ほどいっしょに住み、そこで必要な言葉や仕事の内容、その家庭独自のルールなどを教えたという。そして半年後にはケアの対象者である友人の父親とその外国人労働者の女性の二人だけの在宅ケアが開始した。

在宅ケア労働を行うのはインドネシア、フィリピンやベトナムなど東南アジア諸国から来る女性がほとんどである。彼女たちは、二四時間体制とも言える厳しい労働環境の中で働き、週に一度の休日に台北駅などに集まるのである。

これまで家族が担ってきたケア労働を外国人労働者が行うことで台湾の家族に変容が生じている。在宅ケアという形は変わらないが、ケア労働が外部化され、それを担うのが外国人労働者となった。今後、その外国人労働者たちは台湾に定住するのだろうか。台湾人の高齢化が進む中、地域コミュニティを維持するのに、比較的若い外国人労働者は何らかの役割を果たすようになるのだろうか。それとも台湾へやって来ては帰る単なる一時的な労働者に過ぎないのだろうか。

台湾は二〇一六年以降、中国ではなく東南アジア諸国やインドとの関係強化を目指す「新南方政策」を打ち出している。「新」がつくのは前政権が打ち出した「南方政策」が経済交流一辺倒だったのとは異なり、新たに「人材交流」が含まれており、「台湾に就労・留学で来ている外国人とその子の人材活用」が目標とされているからである。このような「人材交流」促進を目的として台北に「新移民会館」が設立されており、外国人の台湾での定住化支援や台湾人と結婚した外国人のための語学研修や職業訓練が行われている。

台北駅に描かれたスマイルマーク（撮影：Wan-Chieh Chen 氏）

このようなケア労働の外部化の定着による台湾の家族の形の変容は、台湾社会や地域コミュニティをどのように変えていくのだろうか。日本もまた同様にケア労働者の必要性がますます高まることから、台湾社会の変容に注目していく必要があるだろう。

コラム4 **日本で働くフィリピン人女性家事労働者の（ディス）エンパワーメント**

KFAW海外通信員　アリーサ・フニオ（フィリピン）

フィリピンから日本への労働力の移動は、両国に経済的恩恵をもたらしています。過去には日本による占領という歴史的背景はあるものの、両国は二国間協定である日本・フィリピン経済連携協定（JPEPA）を締結しており、国際社会において高まりを見せるグローバル化の波に対応する上でも、互恵的なパートナーシップ関係にあります。

少子高齢化が進む日本では、労働力不足が深刻化しています。その対応策として日本政府は労働市場の構造改革を図っており、合法および不法な移民労働者に依存するような構造となっています［Ball, R. and Piper,N. 2002: 1013-1034］。また二〇一四年六月、内閣は女性労働者の家事支援のため、国家戦略特区において外国人家事労働者の受け入れを認める方針を発表しました。

これを受け、特区における家事支援人材の受け入れに関し、外国人の入国・在留を緩和する改正国家戦略特別区域法が成立しました。

フィリピン政府は、人手不足にあえぐ各国に対して労働力を輸出する準備を整えつつあり、それが自国経済にとってプラスになるという新自由主義的な理想を抱いています。しかし、フィリピン国民の生活向上を目指す目的とは裏腹に、この労働力を移動しようとする政策は移民労働者、とりわけサービス業に従事する女性労働者にとって不当な面を隠そうとしているように思われます。それは、関連法が整備され、受入国と供給国との間で二国間協定が結ばれているにもかかわらず、フィリピン人女性移民労働者は①フィリピン人である、②女性である、という理由だけで差別の被害を受けやすい存在となっているからです。この二つの要素によって、移民労働者である彼女たちが担う仕事に対する人種的・性的な偏見が固定化され、その存在意義が低下しています。

過去にフィリピンから来日した女性移民労働者は、主に海外パフォーミング・アーティストとしてエンターテイメント産業で働いていましたが、そこでは辛い経験も強いられてきました。彼女たちはさまざまな形で差別に遭っており、具体的には、パスポートや関係書類を取り上げられる、契約に反してパフォーミング・アーティストからホステス業への転向を強いられる、契約よりも低い賃金しか受け取れない、言葉や文化の壁に苦しむ、仕事の性質上ハラスメントを受けやすい、などがあります。また大半の日本人は、フィリピン人女性移民労働者に対して、このようなステレオタイプ化を強めてきました。

日本におけるフィリピン人女性移民労働者の雇用をめぐる歴史的背景に加え、本国での家庭環境が原因で、彼女たちが日本とフィリピンの双方において疎外されている状況が一層進んでいます。フィリピンでは家族が固い絆で結ばれており、家族同士が「恩義」を重んじつつ互いに支え合うということが知られています。このような家族に対する報恩の念は、海外で移民労働者として働く女性もきちんと守るべきものとされています。また、若い独身女性の家事労働者と既婚の家事労働者とでは、その意味合いが若干異なることもあります。

一般的に、独身のフィリピン人女性移民労働者には、本国の肉親（場合によっては親戚）を経済的に支える義務があります。家族に恩義のある娘として、彼女たちは家族が支払うあらゆる費用の一部を負担しなければなりません。さらに、自分の兄弟姉妹（もしくは親戚）の一人を学校に通わせるために、費用を負担することもよくあります。

既婚で子どもがいながらも海外で働く女性家事労働者は、家族にまともな暮らしをさせたい一心で、自らを犠牲にして職場での不当な扱いにも耐えています。夫婦二人ともが海外で働き、子どもを本国の親戚に託して世話を頼むような場合には、経済的な支援をすることでその恩義に報います。彼女たちは、自分の子どもや親戚が必要とする費用を負担するために、合法・不法にかかわらず最低限の賃金で複数の仕事を掛け持ちしながら働きます。これも本国に送金することで、娘として、そして母親として受けた恩を返し、それを認めてもらうためなのです。

マニラにある研修用和室で訓練を受けるフィリピン人家事労働者写真：Akira Kodaka (2017)
<https://asia.nikkei.com/Business/Companies/Filipino-housekeepers-Japan-dream>

【参考文献】
Ball, R. and Piper, N. (2002) 'Globalisation and regulation of citizenship—Filipino migrant workers in Japan' in *Political Geography* 21 pp. 1013-1034.

『Ａｓｉａｎ Ｂｒｅｅｚｅ』二〇一八年七月号　抜粋掲載

第4章
男児選好にみるネパールの家族の変容
――階級別の分析からみえた経済発展下での個人化の兆し

佐野麻由子

はじめに

近年、家族内の男女の構成比を同数にするファミリー・バランシング等の理由から子どもの性別の産み分けへの関心が高まっているといわれている【1】。

日本では、着床前スクリーニングによる男女の産み分けは禁止されているものの、排卵日を計算してのタイミング法、それが自動計算できる中国式産み分けカレンダー、産み分けゼリー等様々な情報が行き交っていることからも関心の高さがうかがえる。

どの性別の子どもがほしいのかは、個人の選好の問題だと言えるかもしれない。しかし、そう単純な話ではないようだ。フランスのデカルト大学人口開発研究所のクリストフ・ギルモトは、マーラ・ヴィステンドールのインタビューの中で近年、男児選好が見られるようになった国の共通項として「出生率の急激な低下」、「出生前スクリーニング検査、中絶手術の普及」に加え、「経済成長」を挙げる［ヴィステンドール 二〇一二：三二］。「出生率の急激な低下」は、「経済成長期」に世帯の所得が向上するにつれ、多くの子どもを生み育てるのではなく、限られた良質の子ども（男の子）を大切に育てるようになることを示している。そして、出生前の性別判定検査、中絶手術の普及は、そうした欲望を充足させる実現可能環境があることを意味しているという。世帯の所得が向上するにつれ、どのような家族がどのような理由によって特定の性別の子ども（男児）を選好するようになるのか。

本章では、男児選好を「家族の戦略」の映し鏡と仮定し、(1)家族の戦略の結果である男児選好はどのように変化している・いないのか、(2)それはどのような社会構造と関係しているのかを、ギルモトが男児選好の顕著化を指摘した

ネパールを事例に検討する。【2】

第一節　問題の背景：ネパールの男児選好

1．顕著化する男児選好

国民のおよそ八割がヒンドゥー教徒といわれるネパールでは、息子は家の後継ぎとして、年老いた親の面倒をみる存在として、家の祭祀を執り行う主体として重要視されてきた。それは、「娘ならかぼちゃ、息子ならやぎ」、「男児の誕生は天国行きを約束する」といった諺にも現れている。しかし、出生時性比の顕著な偏りが見られるようになったのは、一九九〇年代後半に入ってからである。ネパールの出生時性比は一九六二年から一九九二年まで女児一〇〇に対し一〇四・五で推移していたものの、一九九二年を境に一〇五・四～一〇六・五と差が拡大している。【3】男児選好との関係は不明だが、一九九六年から二〇〇六年にかけて政府軍とネパール共産党毛沢東主義派（マオイスト）との内戦があり不安定な情勢が続いた。

図表１　１人あたりの国民総所得（USD）とネパールの出生時性比の推計（1962-2018）

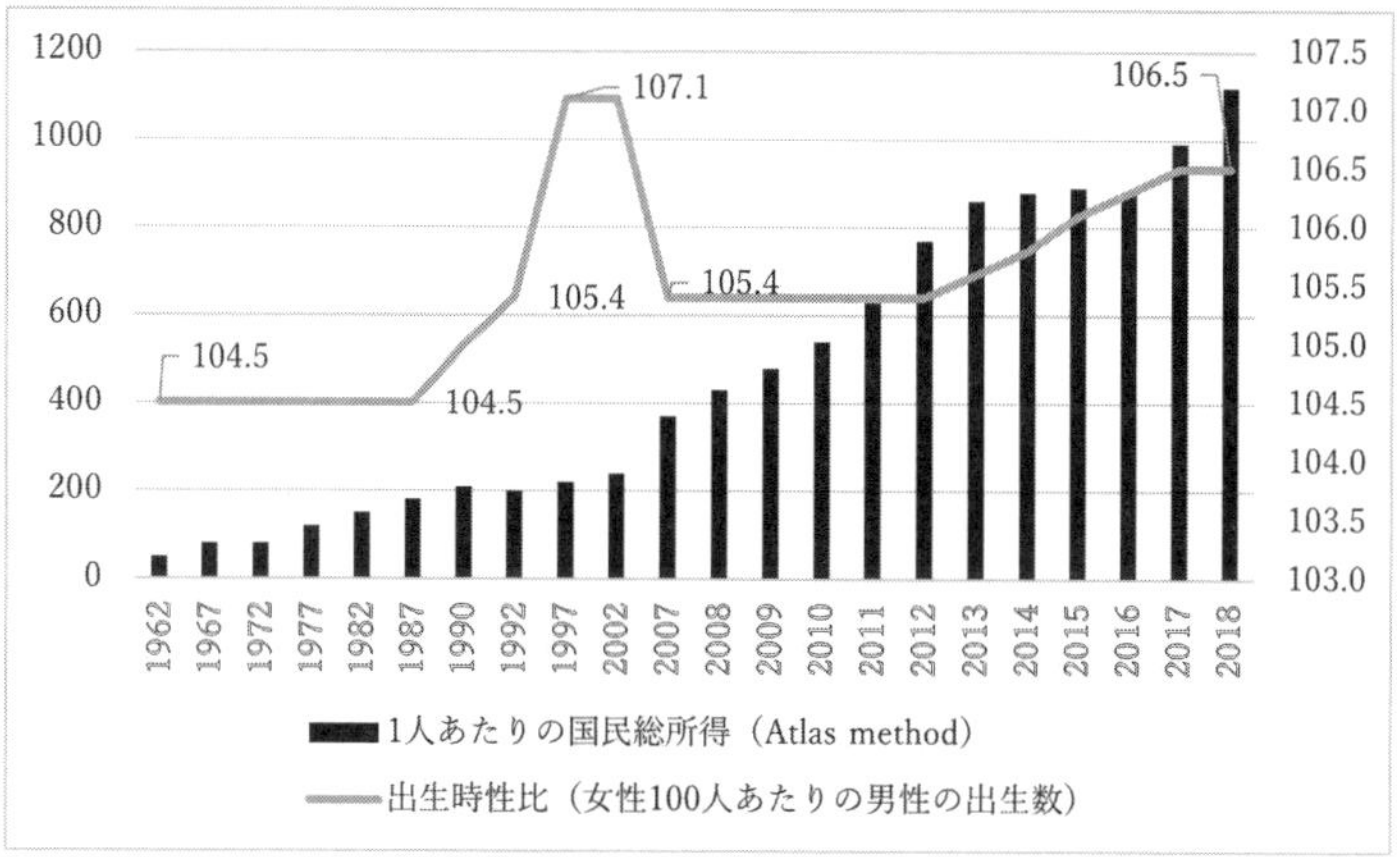

出典：World Development Indicators Sex ratio at birth (male births per female births)および World Bank GNI per capita, Atlas method (current US$)より筆者作成。

エリナ・プラダンらによれば、伝統的に男児選好が強いとされるネパール極西部の出生時性比は女性一〇〇人あたり男性一五二人で、ネパール政府統計局による人口調査の値よりも高くなる可能性を指摘している［Pradhan et al. 2019］。男児選好は都市部においても顕著で、同年齢グループにおける女性の人口は男性よりも五・七％低い。性比の偏りが顕著な上位六郡のうち、三郡は首都カトマンズとその隣接地域である。【4】どのような社会的背景があるのだろうか。

2. 出生率の低下、経済成長、生殖技術の浸透

ネパールでは世帯規模が縮小し、女性一人が生涯産む子供の数（合計特殊出生率）が減少傾向にある。ネパールの平均的な世帯規模は、一九九一年の五・六人から二〇〇一年の五・四人、二〇一一年の四・九人に減少した。合計特殊出生率は、一九九一年の五・六人から二〇〇一年の三・八人、二〇一一年の二・五人に低下した［ネパール政府統計局（CBS）2014: 122, 228-229］。

出生時性比の偏りが顕著になった一九九〇年代後半から経済は成長を続け、一人当たりの国民総所得（GNI）が上昇した。二〇一八には一〇年前の約二・六倍に達した。ネパール独自のカースト・民族ヒエラルキーを反映した経済的不平等が依然として課題となるものの、【5】二〇二〇年には一人当たり国民総所得が一〇九〇ドルに達したことをうけ、世界銀行の基準では低所得国から下位中所得国になった［World Bank 2020］。

生殖技術へのアクセスは飛躍的に向上した。二〇一二～一四年に筆者が実施した調査では、産み分けの方法として宗教儀礼の実施、医者への相談、伝統的な薬草の使用、占星術師への相談、超音波検診が挙げられていたが、【6】最近では、経済的に余裕のある人が、体外受精（ＩＶＦ）クリニックで着床前の性別スクリーニングを行っているといわれる。二〇一九年八月に体外受精が受けられるクリニックを把握するために「IVF Kathmandu」でインターネットを検索し

たところ、わずか五件のクリニックが該当したが、二〇二一年一月に同条件で検索をすると一九件が該当した。

中絶については、二〇〇二年の国家中絶政策により、性別を理由にしたもの以外は合法化された［Frost et al. 2013］。しかし、医療従事者が副業として不法に性別判定を行っているという話も聞かれる【7】。中絶手術自体は、公的、私的医療機関のほか、家族計画を支援している慈善団体のクリニック【8】で比較的低料金で手術を受けることが可能だ。また、最近ではインドから輸入され闇で流通している中絶薬が一二〇〇ルピー程度で安易に購入できるようになった。この

写真１　IVF クリニックの看板（2016 年カトマンズにて筆者撮影）

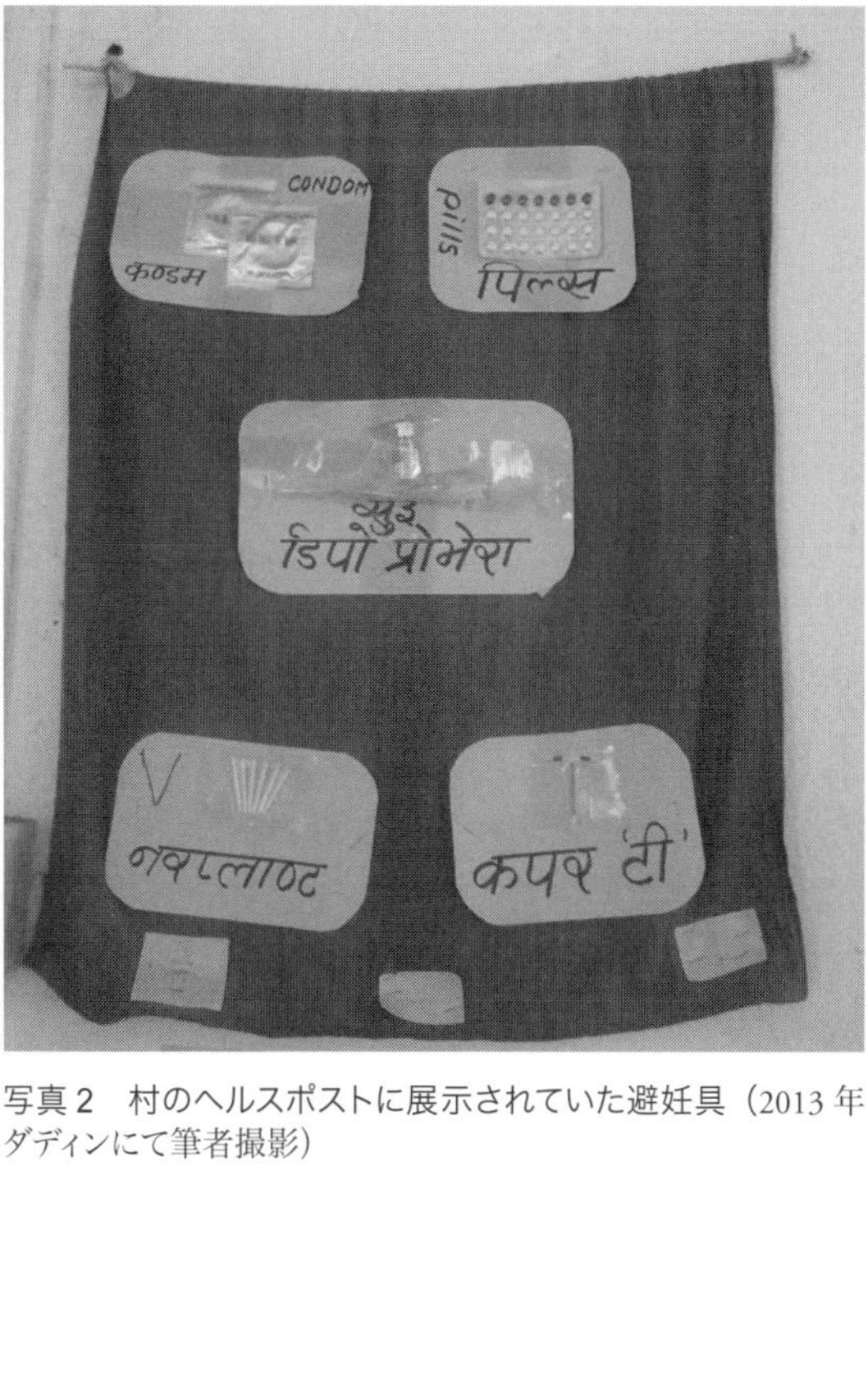

写真２　村のヘルスポストに展示されていた避妊具（2013 年ダディンにて筆者撮影）

ような中絶の容易さが女児の中絶を促進し、出生時性比の偏りをもたらしたと指摘することもできる。

以上からギルモトのいう限られた良質の子ども（男の子）を大切に育てるようになる諸条件が揃っていることが確認できる。

第二節　子どもの性別選好と家族の戦略との関係

社会が経済発展を遂げる中で、親が限られた良質の子どもを欲するようになるとしても、それが男児であるのはなぜか。その理由を家族の戦略を手掛かりに考えていこう。

「家族」とは、配偶関係や血縁関係、親密性によって結びつけられた集団を指す。家族を一つのシステムとして捉えると、その機能として、「成員間で生活に必要なモノやサービスを生産・供給する経済的機能」と「新たな成員を生み育て次世代にわたり家族集団を維持・存続させる機能」を挙げることができる［マードック 2001］。これらを、家族集団を維持するための「戦略」と読み替え、それぞれ「家族の経済的戦略」、「家系維持戦略」とすると、後述の先行研究で指摘されている男児選好の要因は、これらに関わるものとして整理することができる。

1. 家族の経済的戦略と男児選好――労働力、社会保障としての期待

「家族の経済的戦略」とは、家族内で誰が主たる稼得者になるのか、誰がどのような権限をもって家族成員の生存や福祉維持に必要なモノやサービスを供給するのかに関わる戦略である。男児選好の研究蓄積をもつ経済学では、男児

選好は、労働市場や社会保障制度との関連で分析されてきた。

たとえば、経済学者ナンシー・キアンは、中国における茶の栽培地と果物の栽培地での出生時性比の違いを労働市場での男女の価値の相違に求めた。茶の生産地では繊細な指で茶を摘む必要があるため女性が、果物の生産地では重いものを運ぶ必要があるため男性が重宝され、出生時性比の違いにつながったと述べている［Qian 2008］。

経済学者アマルティア・センは、一九八〇年代の鄧小平の経済改革後の乳幼児死亡率に占める女児の割合の上昇を、一九七九年に導入された一人っ子政策に加え、労働市場での女性／男性の価値の偏重ならびに医療保険制度の解体と関連づけて分析した。当時中国では、市場主義経済が導入され、それまではほとんど国家が負担していた医療保険の自己負担が増加した。これが老齢年金や老後の社会保障としての子ども世帯への依存を生んだという。また、経済改革は結果的に女性の雇用を減少させ「女性の活動は非生産的である」という評価を生み、稼ぎ手となる男性の価値を高め、男児への選好を強めることになったと述べている［Sen 1990: 9-11］。

これらの研究は、性別選好が家族の経済的戦略、それを左右する労働市場や社会保障制度と深く関わっていることを示唆する。

2．家系維持戦略と男児選好

家系維持戦略とは、誰を家族成員とするのか、家族成員の地位・役割を誰にどのように付与するのか、財産や地位を誰にどのように継承するのかに関わる戦略である。世界には父方の血筋によって家族集団を組織する父系制の社会と母方の血筋によって組織する母系制の社会があり、前者が一般的である［トッド二〇〇八：二四六］。

男児選好が顕著なインドでも母系制のケララ州と父系制のパンジャブ州およびハリアナ州では、出生時性比が異なることが知られている。父系制の社会では、血筋、財産、地位が父から息子へと継承されるため男性が重視される。北インドでは、結婚時に新婦側が新郎側に金銭や家財道具等を贈るダウリー（持参金）の慣習もあり、その経済的負担故に娘を忌避するとの指摘もある。開発経済学者アビジット・バナジーらは、北インドのデリーの路上で「今（中絶に）五〇〇ルピーを払えば、あとで五万ルピー（持参金）の節約になります」という広告を目にしたと記している［バナジーほか二〇一二：一六九］。フェンチン・チャオらは、インドでは二〇一七年から二〇三〇年の間に性別を理由に中絶される女児は六三〇万人に及ぶと推計し警鐘を鳴らしている［Chao et al. 2020］。

これらの研究は、家系維持戦略において父系が重視されている地域ほど男児選好が見られると指摘する。

3．家族の経済的戦略と家系維持戦略が変更される契機とは？

世界価値観調査の実施メンバーである政治学者ロナルド・イングルハートの文化的進化論【9】は、家族の経済的戦略と家系維持戦略は、豊かさの実現に影響されることを示唆する。

文化的進化論に依れば、生存への不安が強い社会では物質的豊かさが重視され、権威や伝統、集団の規範を重視する姿勢が生み出されやすい。これは、前近代社会では、個人の生存は常に脅威にさらされ、集団に依存せざるを得ない状況にあり、強力な指導者の下で集団内の結束を重視せざるを得なかったことに由来するという。他方、経済成長や福祉国家の成立により個人の生存を集団に依存しなくてもよい社会になると、個人の自由や精神的な豊かさが重視されるようになり、宗教的権威や集団の規範が弱まるという［イングルハート二〇一九：八三、一七〇］。

これを男児選好にあてはめれば、個の生存にとって家族が必要不可欠な状況下、すなわち、家族の経済的機能に深く依存する状況にあっては、家族集団を生物学的に維持するための生殖規範の重視、家長への従属、家族集団の結束といった家系維持戦略も重視され、男児選好が強くなる。他方で、個の生存が家族以外の制度によって担保され家族に依存しなくてもよい状況にあっては、家族の経済的戦略も、家系維持戦略も重要性をもたなくなり、男児選好が弱まると仮定できる。

以上から、個の生存を家族に頼らざるを得ない家族（個人）ほど、家族の経済的戦略と家系維持戦略という二つの家族の戦略を重視し、その結果として男児選好になる。男児選好が強まる／弱まることは、家族をとりまく社会構造（はじめに参照）が変化し、家族の戦略が変化したことを示すと仮定することができる。

なお、インドの研究者バラとカウルは、インドの人口動態データをもとに階級が底辺層から新興中間層、そして、中間層へと上昇するにつれ選好が弱まり、性比の偏りも収束するという予測を出している［Kaur and Bhalla 2015］。三つの階級のうち男児選好が強いのは底辺層と新興中間層であるが、底辺層はそれを実現する資源をもたず、ある程度余裕をもつ新興中間層になって性別判定、女児の中絶を行うため、新興中間層の増加に比例して女児の中絶が顕著になるというのだ。

イングルハートの説とバラとカウルの説をあわせると、個人の生存を家族に頼らざるを得ない家族ほど、二つの家族の戦略を重視する。そして、それを実現しうる資源を手にした結果、女児を中絶すると仮定することができる。したがって、近年のネパールにおいて性比の偏重を引き起こしているのは、個の生存を家族に頼らざるを得ない状況にあり、かつ、性別判定・女児中絶を実施できる資源をもつ階級であると仮定することができる。

4．ネパールにおける労働市場と土地所有の現状

分析に入る前に、ネパールの家族の経済的戦略に影響を与える労働市場の状況、家系維持戦略の代替指標の一つで

もある土地所有の現状についてみておこう。

労働市場の状況をみると、女性の生産年齢人口の八五・四％が労働市場に参加しているものの［World Bank 2019］、女性の月額平均賃金が男性一〇〇に対し七〇であるということからもわかるように男女間の格差は大きい［ネパール政府統計局（CBS）2019: 33］。

家系維持戦略の現状を示す土地所有についても女性が不利な状況にあることがわかる。二〇一一年のネパール政府統計局の人口センサスによれば、家と土地双方を所有している女性は一一％、土地だけの所有は九％、家も土地もない人は七九％に上った【10】。

以上から、ネパールでは家族の経済的戦略、家系維持戦略の双方において男性の方が優位性が高いことが確認できる。また、出生率の低下、世帯の経済水準の上昇、生殖技術へのアクセス可能性の向上により限られた良質の子ども、すなわち、家族の戦略上有利な男児を選好するよう動機づけられうる状況を読み取ることができる。

第三節　ネパールの現地調査――男児選好の全体的な動向

1. 用いるデータの概要

第二節では、先行研究から「性比の偏重を引き起こしているのは、個の生存を家族に頼らざるを得ない状況下にあり、かつ、性別判定・女児中絶を実施できる資源をもつ階級である」と仮定した。本節では、現地調査の結果に依拠して、男児選好意識の変化および階級ごとの傾向について分析し仮説を検討する。

用いるデータは、首都カトマンズを中心とする八地域【11】で二〇一二〜一四年にかけて実施した調査1【12】と二〇一六〜一七年にかけて実施した調査2【13】で集計されたものである。

調査1では、確率比例抽出法で無作為抽出を行い調査地・対象者を選定し、同地域に居住する調査当時一八歳以上七〇歳未満の男女計一九四〇人から回答を得た。調査2でも同様の方法で、調査地・対象者を選定し男女計二五八九人から回答を得ることができた。調査1では、理想の性別構成、性別判定後の中絶、男児選好スコア、社会的地位の上昇志向に関わる設問がなく、変化を提示できない調査項目もある。

2．男児選好の動向：調査2（二〇一六〜一七）の結果から

男児選好の顕在化が問題視されるなかで、性別構成については、意外にも理想の息子と娘の数を同数とする平等志向が六一％、男児選好が二四％、女児選好が八％で、六割が平等志向という結果になった。他方で、「息子が必要だ」と回答した人は、回答者全体の四七％であった。性別判定を受けたことがある人は二〇・二％であった。性別判定後に中絶した人は一六・六％であった。

息子を必要とする理由については、割合が多い順に、家系の維持（六五・二％）、老後の保障（五八・九％）、葬式の喪主（三九・一％）、財政的支援（三一・〇％）、威信と力の誇示（九・六％）等が挙げられた。葬式の喪主とは、火葬の際に、喪主として遺体に火をつける等の宗教儀礼を行うことを指す。二つの戦略に項目を分けると、家系維持戦略に関わるものが家系の維持、葬式の喪主、財産相続で、家族の経済的戦略に関わるものが老後の保障、財政的支援にあたる。これ以外に、威信と力の誇示があるが、これは男児を生んだ女性が家族内で確固たる地位を築くことができること、すなわち、男児を生むことが女性の地位上昇に関わる象徴的資源であることを意味している。

なお全員を対象に「娘のイメージ」について複数回答で尋ねたところ、多い順に、老親のケアの担い手（六〇・六％）、息子よりもよい聞き手（五五・九％）、家事の支援者（五三・八％）、家系を離れる人（二四・〇％）、家族の名誉を傷つけるリスク（一一・七％）、ダウリー（婚資）の負担（六・七％）が挙げられた。全体として、家族の名誉を汚すリスクやダウリーの負担というネガティブなイメージよりも、ジェンダー役割から派生したイメージではあるものの老親のケアの担い手やよい聞き手、家事の支援者といったポジティブなものが目立った。

3．調査1（二〇一二～一四）と調査2（二〇一六～一七）の比較

同じ地域で実施したものの回答者が異なるため単純な比較はできないが、調査1と調査2で同一に質問した息子の必要性、息子を得るプレッシャー、息子が必要な理由の各項目を比較した。

息子が必要だと回答した人の割合は四ポイント上昇しているが、息子を得るプレッシャー、息子が必要な各理由に「あてはまる」と回答した人の割合はいずれも減少している。大幅に減少した項目として、息子が必要な理由（財政的支援、葬式の喪主、財産分与、威信と力の誇示）が挙げられる。ここから、回答者全体の傾向だけをみれば、家族の経済的戦略、家系維持戦略において、そして、象徴的資源としての息子の価値が変化しているということができるだろう。

図表2　調査1と調査2の各項目における回答者の割合の比較（％）

	息子必要	息子を得るプレッシャー	老後の保障	財政支援	家系	葬式	財産相続	威信と力の誇示	ダウリーの手段	性別判定
調査1	43.2	39.1	83.4	72.3	71.9	81.0	65.2	66.8	17.2	25.9
	n=1874	n=1831	n=1856	n=1847	n=1841	n=1843	n=1840	n=1844	n=1836	n=1555
調査2	47.2	16.2	58.9	31.0	65.2	39.1	21.3	9.6	0.9	20.2
	n=2546	n=2520	n=2581	n=2581	n=2581	n=2581	n=2581	n=2581	n=2581	n=1145

出典：筆者作成。nは回答者の数。

4．二〇一七年三月の聞き取り調査から見えた家族の戦略における息子の役割の変化

質問紙調査と並行して二〇一七年三月に実施した聞き取り調査では、家族の経済的戦略、家系維持戦略における息子の役割の変化が垣間見られた。Ｓさんは海外への出稼ぎによる男性の不在が慣習の変容の契機になっている点を、Ｈさんは、息子の扶養義務の薄れや娘に葬式の儀礼を許す最近の風潮を指摘する。

Ｓさん：葬式に息子が必要だといわれるが、生理ではない限り、娘が執り行ってもよいと考えられるように変化した。これまで、娘が火葬の際に火をつけるという発想がなかった。昔は娘が（火葬を行う）川に行くことさえ許されなかった。ここ一〇年で考えが変化した。【14】村で男性が海外に出稼ぎに行くようになってから考えがかわった。意識が変化したというよりは、環境が変化した。

Ｈさん：昔は葬式の儀礼をおこなうのは息子だった。今では娘もやるようになった。ここ四、五年の変化。息子がいない人にとって娘は財産。息子の代役を他人に頼んだら、その人に財産を与えなければならない。娘にやらせる。今の四〇代は、娘か息子かを気にしない。両親の世代は異なる。両親の世代は息子が老後に面倒をみてくれると思っていた。しかし、今の時代は、自分で自分の面倒をみなければならない。【15】

家族において息子が果たすべきとされてきた役割への期待はあるものの、現実にはそれを実現できない状況がある、それに伴って家族の戦略が変化しつつあることがうかがえる。

第四節　男児選好的な戦略をとる家族の特徴――階級ごとの分析

第三節では質問紙調査の分析、聞き取り調査の分析から家族の経済的戦略、家系維持戦略の変容を指摘した。そこで、本節では、どのような家族においては戦略の変容つまり男児選好の変容の可能性があり、どのような家族においてはないのかを、第二節で導いた「個人の生存を家族に頼らざるを得ない状況下にあるのか」、「性別判定・女児中絶を実施できる資源をもつのか」という点に注目して分析する。分析結果は統計的検定の結果五%水準で有意だったものを挙げた。

本節では、男児選好の度合いをはかる指標として男児選好スコアを用いた。男児選好スコアは、「娘しかいない人は不運だ」、「息子がいないのは業や不道徳故である」、「息子だけが祖先の祭祀を執り行うことができる」、「娘からの経済支援は受け入れ難い」という設問への回答を点数化【16】したものである。同じく、属性からの個の解放、伝統的束縛からの自由、人生の選択の幅の広がりといった近代的な価値観を測る指標として「社会的地位の上昇志向（upward mobility）」を用いた。「社会的地位の上昇志向」とは、「より高い社会的・経済的地位に昇りつめようとする姿勢」のことで、世界価値観調査では、それをはかる尺度として「思い通りの人生の選択ができているという全能感」、「競争はよいという競争主義」、「成功はコネクションよりも勤勉さによってもたらされるという業績主義」が設定されている。

なお、本章では階級を『世界価値観調査』に依拠して、低層階級（lower class）、労働者階級（working class）、下層中間階級（lower middle class）、上層中間階級（upper middle class）、上層階級（upper class）への階級自認に基づいて分類した。また、所得グループをネパール政府統計局の『Living standard survey 2010/11』の名目世帯所得の五分位階級【17】を参考に所得下層（月額〇～

一〇〇〇〇ルピー)、中層(一〇〇〇一〜三万ルピー)、高層(三〇〇〇一ルピー以上)の三つに分類した。

1. 経済的戦略と家系維持戦略で男児を選好するグループ――労働者階級・低層階級、所得下層

先行研究からは、個人の生存を家族に頼らざるを得ない家族(個人)ほど、二つの家族の戦略を重視し、その結果として男児選好になるという仮説をたてた。経済力という点から、階級に注目してクロス分析を行った結果、男児選好スコアが高得点だった人の割合は、低層階級と労働者階級で高く、息子が必要だと回答した人、性別判定をした人の割合も低層階級で高いことがわかった。

息子が必要な理由については、「家系」を除き、上層中間階級よりも、低層階級や労働者階級ほど財政的支援、老後の保障、財産相続を挙げる傾向にあった(図表3・図表4参照)。ここから、低層階級、労働者階級においては家族の経済的戦略、家系維持戦略のいずれの理由からも男児を選好する傾向にあることがわかった。

所得グループ別にみると、男児選好スコアが高得点だった人の割合や息子が必要と回答した人の割合は所得下層において高くなる傾向にあり、性別判定した人の割合も高くなる傾向にあった。【18】息子が必要な理由については、威信と力の誇示を除き、財産相続、葬式の喪主、家系の維持、財政的支援、老後の保障の項目において所得下層であてはまると回答した人の割合が高くなった(図表4)。以上から、個人の生存を家族に頼らざるを得ない家族(個人)ほど、二つの家族の戦略を重視し、その結果として男児選好になるという仮説が支持された。イングルハートの文化的進化論でも指摘されているように、経済、社会保障面での懸念が薄れた個人は、生存を家族に頼る必要がなくなり、結果として男児選好を弱める平等主義、個人主義的価値観をもつようになることが確認された。

他方で、性別判定後に中絶した人の割合は、階層自認別五階級の上から二番目にあたる上層中間階級で最も高い

図表３　階級自認別の息子を必要とする理由

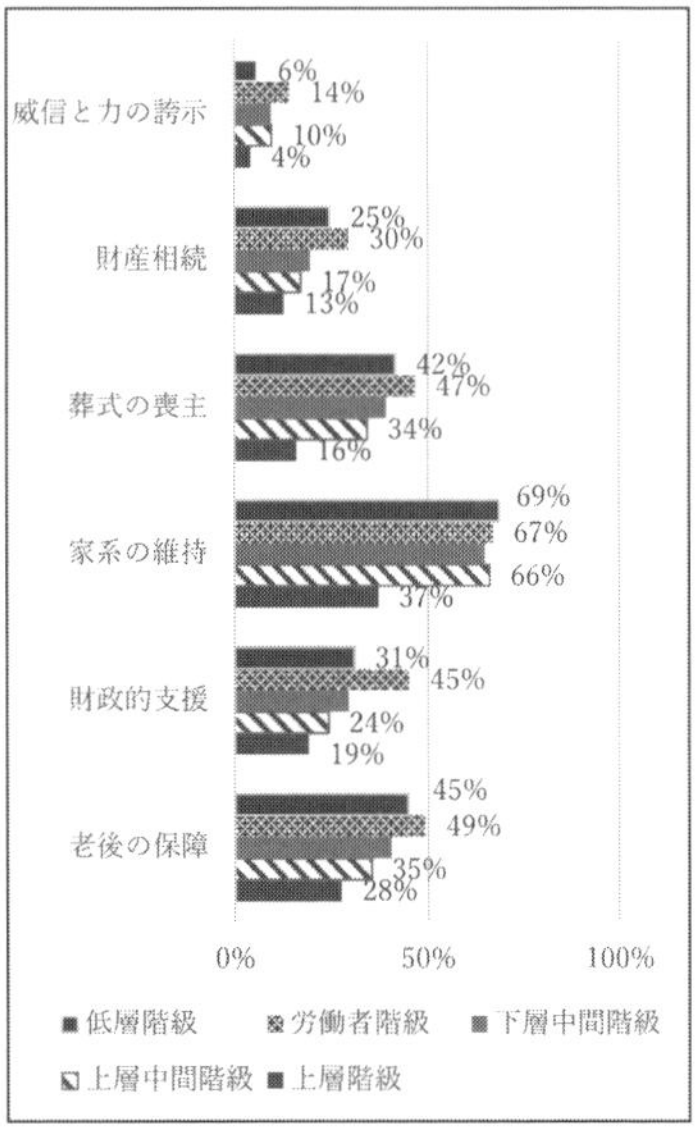

出典：筆者作成

図表４　所得グループ別の息子を必要とする理由

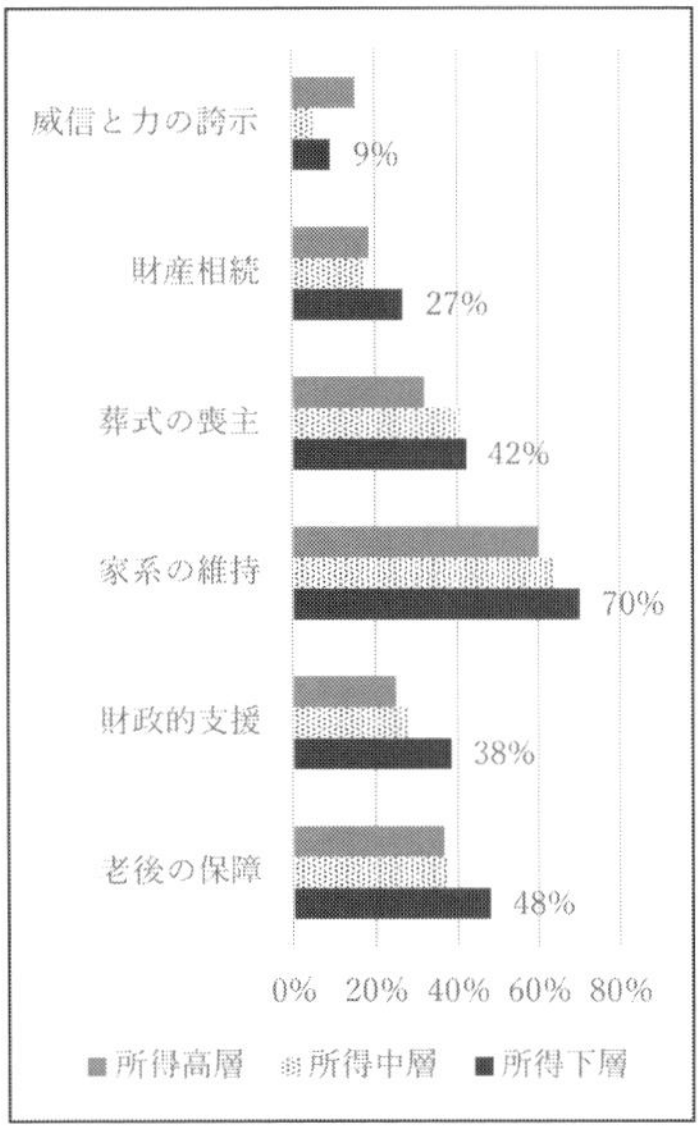

出典：筆者作成

こともわかった。[19] 学歴、所得、カーストが高い人ほど上層中間階級や上層階級を、低い人ほど低層階級や労働者階級を自認する傾向がみてとれることから、学歴、所得、カーストが比較的高い人が、性別判定や女児の中絶を行っていることを示唆している。つまり、カウルとバラ（2015）が指摘したように、ネパールでも低層階級や労働者階級においては男児選好が強いものの、それを実現させる資源に乏しいため中絶に至らないという「選好」と「実践」とのズレがあると解釈することができた。

2．家系維持戦略において男児選好的なグループ——大土地所有者、上層中間階級

上層中間階級において、男児が選好される理由は、土地所有と深く結びついている。上層中間階級を自認する人の属性をみると、先に挙げた学歴、所得の高さのほかに、大土地所有が挙げられる。

土地所有と性別判定の経験および性別判定後の

中絶経験との関係をみると、土地所有面積が広いほど、それらを実践した人の割合が高くなることがわかった。ネパールの土地、家屋の所有状況をみると、女性の土地や家の所有者は一〇％にすぎず、所有者は圧倒的に男性が多い。土地を所有している上層中間階級では土地所有を維持するため、家族の家系維持戦略としての男児選好が強いと言える。なお、土地所有面積が広くなるにつれ、「社会的地位の上昇志向」の得点が低くなる傾向にあることが興味深い。分析からは、社会的地位の上昇志向が高い人ほど、男児選好スコアが低く、男児を生むプレッシャーを感じた人の割合や性別判定後に中絶した人の割合が低いという結果が出ている。土地所有の広さと反比例して社会的地位の上昇志向の得点が低くなる点についても頷ける。

3．象徴的な資源の獲得のために男児選好的になっているグループ――モンゴロイド系先住民族

分析の結果、興味深く思われたもう一つの点は、所得グループの高層において息子が必要な理由に威信と力の誇示が挙げられている割合が相対的に高い点だ。威信と力の誇示は、財政的支援や老後の保障といった「物質的資源」と対置される「象徴的な資源」である。たとえば、息子を多く生んだことによって得られる威信は、女性の地位上昇に寄与することが指摘されているが［Kabeer 1999: 457］、調査からも男児をもつことが家族集団の象徴的な地位上昇にも関わっていると考えられる事例があるので紹介したい。

一つ目は、家父長制的ジェンダー規範が弱いとされてきた主に仏教を信仰するモンゴロイド系先住民族において男児選好が見られるようになったという指摘である。【20】二〇一六年九月に筆者が行った聞き取り調査の中で、産婦人科専門病院のG医師は、「ブラーマン化」という言葉を用いて、モンゴロイド系民族におけるヒンドゥー教の影響を指摘した。「モンゴロイド系先住民族は、息子だろうが娘だろうが気にしなかったが、最近ではブラーマン化が起きている。

図表５　カースト・民族別の性別判定の経験

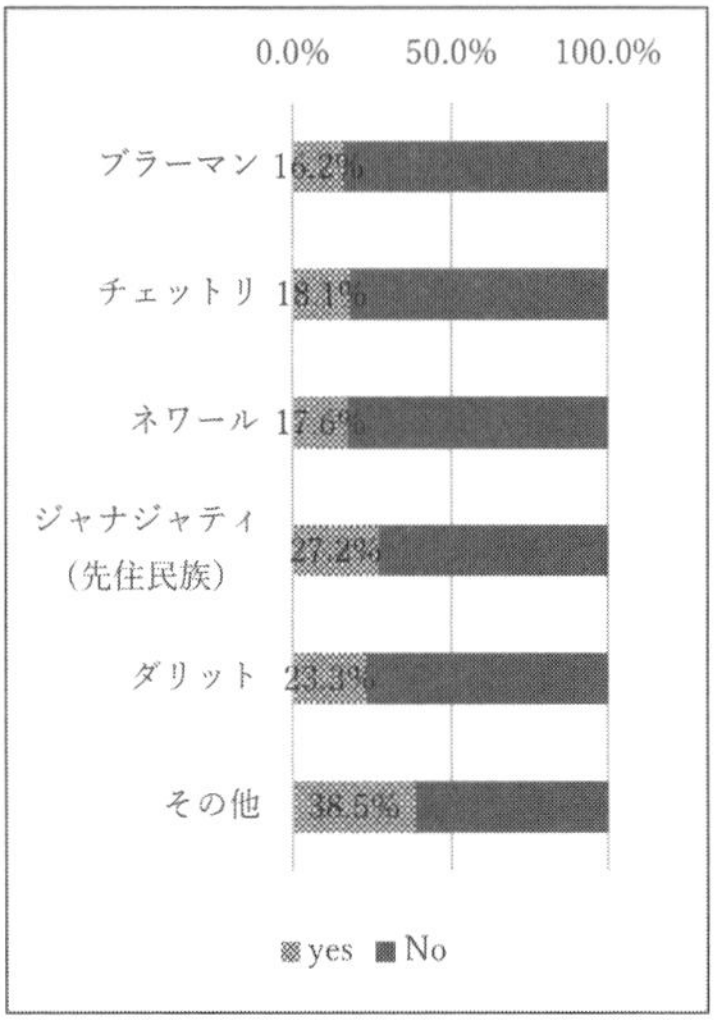

出典：筆者作成

図表６　カースト・民族別の判定後の中絶

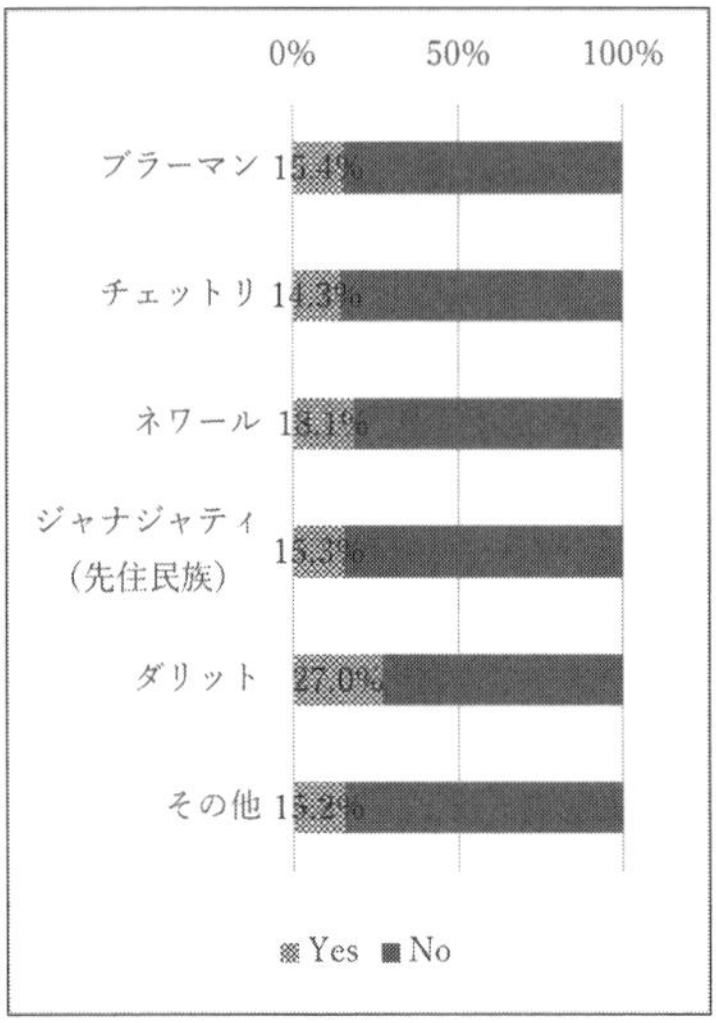

出典：筆者作成

かつて教育を受けられたのがブラーマンだけであり、その後を追って他のカースト・民族も学をつけたように、男児選好でも後追いが見られる」とG医師は言う。

二つ目の例は、「男児選好の後追い」と関連して、モンゴロイド系先住民族において新婦の側が新郎の側に支払うダイジョ（婚資）が流行していることを指摘するインターネットの記事についてである。婚資はネパールにおいてもヒンドゥー文化の影響が強いインド国境付近の地域で見られた習慣であったが、最近では、仏教徒の間でも見られるというのだ。国際ニュースサイトに投稿したモンゴロイド系民族のウシャ・ラマは、「今日、婚資は富や地位の象徴である。高い地位にいる家族ほど、婚資を差し出すこと、あるいは受け取ることを期待している」と記している。[21]

なお調査からは、性別判定を行った人の割合が、他のカースト・民族に比べてモンゴロイド系先住民族において相対的に高くなっていたが、中絶した人の割合は、ダリット、ネワールの順に高かった（図表５・図表６参照）。

家族集団を単位としてみた場合にも物質的資源が充足された家族においては、象徴的資源が希求されるようになるという指摘が興味深い。この事例は、経済成長を遂げ貧困世帯が大幅に減少したにもかかわらず、依然としてカースト・民族間の格差、特に、象徴的資源の格差が縮まらないネパールの社会構造、その中での家族の階級上昇戦略を映し出しているように感じた。

4．男児選好的な戦略をとらないグループ―社会的地位の上昇志向が高い人

男児選好的な戦略をとらないグループの特徴として、個人の生存を家族に頼らなくてもよいという経済力、社会的地位の上昇志向の高さを挙げることができる。

社会的地位の上昇志向が高い人の割合は、カーストで見ると経済的、社会的に優位にある上位カースト（ブラーマン、チェットリ）において高く、低カーストにおいて低い。所得をみると、所得下層、中層、高層の三つの所得グループのうち中層において最も高く、下層において最も低かった。また、学歴や自認する階級が高い人ほど、社会的地位の上昇志向が高くなる傾向にあった。

社会的地位の上昇志向は、資本主義の進展下での家柄・身分・性別を重視する属性主義から当人の実力や実績を重視する業績主義への制度的転換と関連していると考えられる。その中で、属性からの個の解放、伝統的束縛からの自由、人生の選択の幅の広がりを実感できている人は、結果として男児選好を弱める平等主義、個人主義的価値観をもつようになると考えることができた。

上層階級を自認する人においては、経済、社会保障面で個人が家族に頼らざるを得ない状況を脱しつつあり、その結果として男児選好が弱まるだけでなく、「属性に囚われずに自己実現が可能になる」という実感によって男児選好が弱まっていると考えた。ここから、ネパールにおいても一部の層においては「生存を理由にした家族への依存を断

写真３　海外ブランドも入るショッピングモール（2018年パタンにて筆者撮影）

ち、家族関係自体を選択したり、解消したりする可能性が増大する過程」、すなわち、個人化の兆しがあると推察することができた。

他方で、階級自認が低い人ほど、社会的地位の上昇志向が低い理由については、「ネパールには生活水準を向上する機会が十分にあると思うか」という別の設問に対する回答から想像することができる。分析では、階級自認が低くなるほど、「ネパールには生活水準を向上する機会が十分にない」と感じる人の割合が高くなる傾向にあった。彼らは、公正な機会の実現について諦念を抱き、その結果、社会的地位の上昇志向が低いことが想像できた。彼らにとって、属性は越えられない壁として受容されているのかもしれない。

第五節　おわりに――男児選好から見えたネパールにおける家族の変容

本章では、男児選好が家族の変容の映し鏡であると仮定して、⑴男児選好と関わる家族の戦略はどのように変化している・いないのか、⑵それはどのような社会構造と関係しているのかという関心から分析を行った。

第三節でみたように、男児選好が強いという予想に反し、理想の性別構成において息子と娘の数を同数とする平等志向が六割を占めた点、調査1と調査2の比較において、息子の必要性が四ポイント上昇した一方で、息子を得るプレッシャー、息子が必要な理由（財政的支援、葬式の喪主、財産分与、威信と力の誇示）が大幅に減少している点から、全体としては家族の経済的戦略、家系維持戦略、象徴的資源としての息子の価値が下がりつつあることがうかがえた。

他方、第四節の階級ごとの分析からは、⑴家族の経済的戦略、家系維持戦略上の理由で男児選好的なグループ、⑵家系維持戦略上の理由で男児選好的なグループ、⑶象徴的資源獲得という理由で男児選好的なグループ、⑷男児選好的な戦略をとっていないグループがあることを確認した。低層階級、労働者階級など個人の生存を家族に頼らざるを得ない家族ほど、家族の経済的戦略、家系維持戦略を重視し、その結果として男児選好的になるという仮説が支持された。他方で、大土地所有者など、経済的に豊かでも、家督相続から恩恵を受けている層は男児選好的になる点、カースト・民族ヒエラルキーの中で象徴的上昇を希求する層においては、象徴的資源獲得の結果男児選好的になる点、社会的地位の上昇志向をもつグループでは男児選好的な戦略がとられていない点を指摘した。

従って、⑴と⑵のグループについては「生殖技術へのアクセスが向上したことにより従前の家族の戦略が強化された」という点で家族の変容を指摘することはできなかったが、⑶については、モンゴロイド系先住民族についての通説を前提とするならば家族の戦略の保守化という変容を、⑷については、従来の戦略を捨て新しい戦略を採用したという変容を指摘することができた。

以上から、男児選好的になる構造的条件をまとめる。一点目は、世帯所得が向上したとは言え、経済的に安定が得られず、経済や社会保障面で個人が家族に頼らざるを得ない状況があり、限られた資源を経済的戦略上有利な男児に投資せざるをえない状況があること（男児への投資は性別判定や中絶などを含む）、二点目は、経済的戦略上男児に依存しなくてもよい状況にあるものの、家系維持戦略から男児を重視し、それを実現する資源や環境が整っていることである。三点目は、経済的戦略上男児に依存しなくてもよい状況にあるものの、意識の中に残るカースト・民族ヒエラルキーにより、ブラーマンなどの上位階層の習慣を模倣するよう動機づけられた結果男児を重視し、それを実現する資源や環境が整っていることである。四点目は、資本主義の進展下での属性主義から業績主義への制度的転換に伴う属性からの個の解放、伝統的束縛からの自由、人生の選択の幅の広がりといった恩恵が得られない状況にあることである。従って、これらの条件が変化すれば、家族の戦略上の変容も生まれ、結果として男児選好が弱まると想定することができる。

階級別のネパールの男児選好の分析からみえた家族の変容として特筆できる点は、属性からの個の解放、伝統的束縛からの自由、人生の選択の幅の広がりを反映した家族の戦略の変容であった。ネパールの家族は、少子化、世帯規模の縮小という目に見える変化を経験しているが、家族の戦略という点でも変容を経験しているということができるだろう。

†謝辞：本研究はＪＳＰＳ科研費 JP24730443，JP15K17189，JP20K12463 の助成を受けたものです。

【注】

【1】「今日、アメリカの不妊治療クリニックの七三％が男女産み分けに対応している」(Celebrity Couples Choosing "Designer Babies"

Hints at Growing Trend in 2020 https://www.prweb.com/releases/celebrity_couples_choosing_designer_babies_hints_at_growing_trend_in_2020/prweb17012562.htm）といった記事や「欧米では、男女産み分けについては「ファミリー・バランシング（家族内の性別の偏りを小さくすること）」という考えが浸透しており、国や州によっても異なりますが、多くの国々で男女産み分けが実施され容認されています。日本国内においても男女産み分けについては大変強いニーズがあります」(https://prtimes.jp/main/html/rd/p/000000001.000066077.html) といった広告を参照。

【2】ヴィステンドールのインタビューにこたえるかたちでギルモトが予想した［ヴィステンドール二〇一一：三二］。

【3】World Development Indicators Sex ratio at birth (male births per female births).

【4】「都市で多い性の選択的中絶」（『Republica』2012.11.29）、「失われた女性たち――性の選択的中絶」（『Republica』2013.7.24）、「オーム病院は性の選択的中絶に反対する」（『Republica』2013.12.29）、「女児の中絶について父親と闘うＮＧＯ」（『Republica』2014.1.4）、「極西部で増える性の選択的中絶」（『Himalayan Times』2015.9.27）等の新聞の見出しは、女児の中絶に対する社会的関心の高さを示している。隣接するバクタプルでは女性一〇〇に対し男性一一三、首都カトマンズでは同一一四、ラリトプルでは同一一四である［ネパール政府統計局 (CBS) 2011］。

【5】二〇一一年度の政府統計局のデータを用いたアジア開発銀行（二〇一三）の分析によれば、カーストの底辺に位置付けられたダリットにおいて貧困発生率は二八・六九％と高く、次いでネパール統一時にカースト制度に組み込まれた少数民族において二八・二五％となっている。それに対し、統一前から首都で独自の王国を築いてきたネワール民族において一〇・二五％、カースト高位のブラーマン において一〇・三四％であり、経済的優位さを保っている［Asia Development Bank 2013］。なお、二〇一一年のNepal Living Standard Survey を用いた World Bank（2016）の試算によれば、ネパールでは人口のおよそ二％が上流階級、二二％が中産階級、三一％が脆弱性の高い層、四五％が貧困層であるといわれる［World Bank 2016：46］。

【6】宗教儀礼の実施（五〇・六％；n=1432）、医者への相談（二三・六％；n=1428）、伝統的な薬草の使用（一八・一％；n=1429）、占星術師への相談（一四・一％；n=1428）、超音波検診（一四・七％；n=1428）。

【7】“घट्दै बारकिहारु”（少子化）कान्तिपुर，（カンティプール・デイリー紙）January 22, 2017.

【8】二〇一七年の調査当時。約一三〇〇円。

【9】前近代社会から現代社会までの変化を、物質主義的価値から脱物質主義的価値への変化（文化的進化）と捉えた。価値意識は社会構造の中でも特に人々の生活を取り巻く物質的条件によって規定されると考えた。

【10】ネパール政府統計局（CBS）（2011）Table 10: Households by female ownership of fixed assets 参照。無回答が一％。

【11】バグマティ・ゾーンのシンドゥパルチョーク、カブレ、ラリトプル、バクタプル、カトマンズ、ヌワコット、ラスワ、ダディン。

【12】ＪＰＳＰ科研費（若手研究Ｂ）「ネパールにおける市場化・準市場化と男児選好」（課題番号 24730443）。

【13】ＪＰＳＰ科研費（若手研究Ｂ）「ネパールの男児選好にみるジェンダー、カースト・民族、機能分化的社会関係」（課題番号 15K17189）。

【14】四八歳女性Ｓさんへの筆者聞き取り（カトマンズＳさん宅、二〇一六年三月二一日）。

【15】四二歳男性Ｈさんへの筆者聞き取り（ラリトプル公園にて、二〇一六年三月二六日）。

【16】男児選好的な設問に対し「あてはまる」と回答したものを一点、「あてはまらない」と回答したものを〇点とし平均値以下を「低スコア」、平均を「中スコア」、平均以上を「高スコア」とした。

【17】第Ⅰ階級（年間の平均世帯所得九万九一一五ルピー）、第Ⅱ階級（一三万一六五二ルピー）、第Ⅲ階級（一六万五〇一〇ルピー）、第Ⅳ階級（一八万六三三七ルピー）、第Ⅴ階級（三五万六五五五ルピー）。一ルピーは約一円（二〇二二年一月現在）。

【18】中絶については、有意差はなかった。

【19】階層自認は「自身がどの階層に属していると思うか」という質問への回答による。性別判定を受けた人の割合は低層階級において三六・〇％、労働者階級において一八・九％であったのに対し、上層中間階級では一八・三％、上層階級では一六・七％であった。判定後に中絶した人の割合は、低層階級において一二・七％、労働者階級において一四・五％だったのに対し、上層中間階級では一三・九％、上層階級では一六・七％だった（いずれも五％水準で有意）。調査で用いた階層区分については、2010 -2012 World Values Survey V1. Survey wave number: the constant,6 (for Wave six). V238 を参考にした。

【20】ネパールの社会学者クリシュナ・バッタチャンは、ヒンドゥー教的支配文化によるサンスクリット化の影響で男性優位の価値観になっていると指摘している［Bhattachan 2001: 83］。

【21】Global Young Voice: Stories of the youth.

【参考文献】

日本語文献

イングルハート、ロナルド（山崎聖子訳）［二〇一九］『文化的進化論——人々の価値観と行動が世界をつくりかえる』勁草書房
上野千鶴子［一九九〇］『家父長制と資本制——マルクス主義フェミニズムの地平』岩波書店

トッド、エマニュエル（荻野文隆訳）［二〇〇八］『世界の多様性——家族構造と近代性』藤原書店
バナジー、アビジット／エスター、デュフロ（山形浩生訳）［二〇一二］『貧乏人の経済学——もういちど貧困問題を根っこから考える』みすず書房
ヴィステンドール、マーラ（大田直子訳）［二〇一二］『女性のいない世界—性比不均衡がもたらす恐怖のシナリオ』講談社
マードック、ピーター（内藤莞爾訳）［二〇〇一］『社会構造——核家族の社会人類学』新泉社

外国語文献

Adhikari, Krushna [2005] "The Hope for a Son Never Dies." In *Mother Sister Daughter: Nepal's Press on Women*, edited by Rana, Bandana and Navin Singh. Sancharika Samuha.
Asia Development Bank [2013] *Country Partnership Strategy Nepal* 2013-2017.
Bhattachan, K.B. [2001] "Sociological Perspective on Gender Issues in Changing Nepalese Society." In *Gender and Democracy in Nepal* edited by Manandhar, Laximi Keshari and Bhattachan, Krishana B. Modern Printing Press.
Bhalla, Surjit S and Kaur, Ravinder [2015] "No proof required; The end of the son preference begins The rise and fall of the emerging middle-class mirrors changes in the sex ratio at birth," Financial Express Column. http://www.financialexpress.com/opinion/the-end-of-the-son-preference-begins/119619/（二〇一七年五月五日アクセス）
Chao F, Guilmoto CZ, K. C. S, Ombao H. [2020] "Probabilistic projection of the sex ratio at birth and missing female births by State and Union Territory in India," PLOS ONE 15(8) .https://doi.org/10.1371/journal.pone.0236673.（二〇二一年五月五日アクセス）
Frost, Melanie Dawn, Puri, Mahesh, Hinde, Peter Richard Andrew [2013] *Falling Sex Ratios and Emerging Evidence of Sex-selective Abortion in Nepal: Evidence from Nationally Representative Survey Data.* http://bmjopen.bmj.com/content/bmjopen/3/5/e002612.full.pdf.（二〇一七年八月五日アクセス）
Global Young Voice: Stories of the youth. "Dowry in Nepal: Sign of love or rotten practice?" https://www.globalyoungvoices.com/all-articles/2016/10/18/dowry-in-nepal-sign-of-love-or-rotten-practice.（二〇一七年一〇月一日アクセス）
Government of Nepal National Planning Commission Secretariat Central Bureau of Statistics (CBS) [2011] *National Population and Housing Census 2011.*
Government of Nepal National Planning Commission Secretariat Central Bureau of Statistics(CBS)[2014] *Population Monograph of Nepal*, Vol.2 (Social Demography).

Government of Nepal National Planning Commission Secretariat Central Bureau of Statistics [2019] *Report on the Nepal Labour Force Survey 2017/18.*

Government of Nepal National Planning Commission Secretariat Central Bureau of Statistics [2011] *Nepal Living Standard Survey (NLSS III 2010/11): Volume II.*

Guilmoto, Christophe Z. [2009] *The Sex Ratio Transition in Asia*, CEPED.

Kabeer, Naila [1999] "Resources, Agency, Achievements: Reflections on the Measurement of Women's Empowerment," *Development and Change* 30.

Kantipur daily, January 22, 2017.

Pradhan E, Pearson E, Puri M, et al. [2019] "Determinants of imbalanced sex ratio at birth in Nepal: evidence from secondary analysis of a large hospital-based study and nationally-representative survey data," *BMJ Journal* 9(1). https://bmjopen.bmj.com/content/9/1/e023021（二〇二一年五月五日アクセス）

Qian, Nancy [2008] "Missing Women and the Price of Tea in China: The Effect of Sex-Specific Earnings on Sex Imbalance." *The Quarterly Journal of Economics.* 123 (3): 1251-1285.

Sen, Amartya [1990] "More than 100 million Women are Missing," *New York Review of Books*, 37(20).

TAMPA BAY, Fla. (PRWEB). *"Celebrity Couples Choosing "Designer Babies" Hints at Growing Trend in 2020"*. CISION (PRWEB). https://www.prweb.com/releases/celebrity_couples_choosing_designer_babies_hints_at_growing_trend_in_2020/prweb17012562.htm（二〇二一年五月六日アクセス）

United Nations Development Programme (UNDP) [2010] *Asia-Pacific Human Development Report - Power, Voice and Rights: A Turning Point for Gender Equality in Asia and the Pacific.*

World Bank [2012] *World Development Report 2012: Gender Equality and Development.*

World Bank [2016] *Moving Up the Ladder: Poverty Reduction and Social Mobility in Nepal.*

World Bank [2019] *Nepa;Gender Brief February 2019.*

World Bank [2020] *New World Bank Country Classifications by Income Level: 2020-2021.*

World Bank [2020] *"World Development Indicators Sex Ratio at Birth (male births per female births"*. https://data.worldbank.org/indicator/SP.POP.BRTH.MF（二〇二一年九月一三日アクセス）

World Bank [2021] *"GNI per capita, Atlas method (current US$) 2021."* https://data.worldbank.org/indicator/NY.GNP.PCAP.CD（二〇二一年九月一三日アクセス）

新聞

Himalayan Times.

कान्तिपुर

Republica.

コラム5　児童婚の根絶を

KFAW海外通信員　ヨヤーナ・ポッカレル（ネパール）

ネパールでは、児童婚は一九六三年から違法となっていますが、実際にはいまだに廃止されていません。その主な原因となっているのが、教育機会の欠如、児童労働、社会的圧力、花嫁の持参金の慣習、家庭内での女児に対する差別などです。ユニセフ（国連児童基金）によると、ネパールにおける児童婚の割合はアジアで三番目に高く、女子の四〇％以上が一八歳未満で、一〇％が一五歳未満で結婚しています。

ネパール政府はこの慣習を撲滅するために一定の取り組みを行ってはいるものの、長らく約束されてきた国家計画の達成は先延ばしになっています。二〇一四年、イギリス・ロンドンで開催された国際会議「ガール・サミット」において、ネパールの女性・子供・社会福祉大臣は、二〇二〇年までに児童婚根絶に向けて努力することを誓約しました。そして、ネパール政府は二〇一六年三月にカトマンズにおいて国内の「ガール・サミット」を独自に開催し、児童婚根絶の目標達成期限を二〇三〇年までに延長しました。これは国連の持続可能な開発目標（SDGs）の達成期限と同じ年です。

児童婚が常態化しているネパールの農村地域ですが、その事情は少し複雑です。たとえば、幼い娘を結婚させる親の多くは児童婚が違法だという事実を知らず、また特に娘に教育を受けさせることに価値を認めていません。こうした背景から、女児は幼くして学校をやめさせられ、結婚を強いられるのです。女児たちは、自分たちの結婚が違法だと認識していたとしても、警察などの当局に訴えることができません。また、児童婚の問題に取り組んでいるNGOのサポートを得て警察に届け出ようとしても、警察は受理しようとしないのです。

二〇一五年四月に起きた大地震では多くの人が命を奪われ、約四〇〇万人もの人たちが家を失いましたが、これにより児童婚を取り巻く状況が一段と悪化しました。多くの家庭が絶望感から、娘を嫁がせることを望んだのです。この件についての正式な調査は行われていませんが、多くの被災した家庭は同じような体験をしています。

児童婚はさまざまな負の結果をもたらします。具体的には、教育の機会が奪われ、若年妊娠が原因で死亡をはじめとする深刻な健康被害を引き起こし、身体的・性的暴力などの家庭内暴力を受け、見捨てられてしまう、というような事態に陥るのです。世界銀行と国際女性研究センター（ＩＣＲＷ）による報告は、児童婚によって途上国に二〇三〇年までに何兆ドルもの損害がもたらされる可能性を指摘しています。また、幼い少女が結婚後に妊娠した場合、生殖器官が未成熟なために子宮脱や産科フィスチュラ（長時間に及ぶ分娩による産道の損傷）になりやすい傾向があります。さらに、児童婚をした女子は家庭内暴力や精神的トラウマに苦しむリスクが高まります。

　これに対し、児童婚を根絶することは、女子とその子どもたちが学業を修めるのにプラスの影響を与え、女性がきちんと大人になってからより少ない人数の子どもを持つことを促し、女性の収入の増加と家庭の幸福をもたらします。

　女性・子供・社会福祉省当局者の話では、結婚できる法定年齢は男女ともに二〇歳以上と定められていますが、この法律にいくつかの改正があったそうです。現行法に違反すると、懲役三年と約九五ドルの罰金に処せられます。しかし、政府による児童婚の撲滅を目指した政策としては、この罰則では実効性に乏しいと、専門家は指摘しています。

　国連人口基金は、教育こそが児童婚を減らす最善の方法だと考えています。しかし、依然として課題もあります。それは女子生徒の中退率が高いという事実で、中退した女子が結婚する可能性は一〇倍にものぼるのが現状です。

　とはいえ、事態は良い方向へと動き出しています。二〇〇一年に実施されたネパール保健人口調査では、一五～一九歳の少女の四〇％が既婚となっていますが、後に行われた同様の調査において、二〇〇六年は三二・二％、二〇一一年は二八・八％にまで減少しています。これは好ましい傾向です。そして時間はかかるけれど変化は起きるのだと、私たちに確信させてくれます。

『Ａｓｉａｎ Ｂｒｅｅｚｅ』二〇一八年三月　抜粋掲載

14 歳で結婚し、子どもを 3 人産んだニブナナ・ハトゥンさん

15 歳で結婚したサヒラ・マリクさん

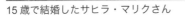

第5章
現代スリランカの家族の変容とジェンダー
――障害者家族のケアの例から

古田弘子・鹿毛理恵

はじめに

本章は、現代スリランカにおける家族の変容を、中間層の障害者家族に焦点をあて、家庭での障害児のケアと女性のケア役割との関係、家族機能の外部化の有無と今後の見通しを検討する。具体的には、スリランカで最大の商業都市である西部州コロンボとその近郊で、障害者家族を対象に行ったインタビューの結果をもとに、中間層の障害者家族が障害のある子どもの教育にどのように取り組むのかについて考察したい。さらに、政府による福祉政策が限定的ななかで障害者福祉を支えてきた「家族主義」に、中間層を対象にした市場化の進展を背景として、わずかにほころびが見られる点も指摘する。なお、障害者家族には、障害のある子どもをもった定位家族と、障害のある子どもが成長し自身の子どもをもってつくる生殖家族とがある［土屋 二〇一〇：二二二］。本章で焦点をあてるのは、定位家族としての障害者家族である。

障害者家族には、家族構成員に障害児がいることで、より厚みのあるケアを伴う子育てが求められる。これについて要田［一九九九：一七］は、障害児だけでなく障害のある子どもを産んだ親もまた、周囲の否定的な対応や言説に直面すると述べた。とりわけ、葛藤しながらも母子一体化し子どものケアにかかわる障害児の母親［藤原 二〇〇六：一八四〜一八七］に、障害者差別と女性差別の狭間に現れる問題が集約されている［要田 一九九九：二］。このように障害者家族は、子どものケアに時間や人手をより多く必要とすることで、ジェンダー規範と家族の機能のあいだの相克と軋轢が顕在化しやすい。障害者家族は家族全般のなかで周縁化された位置にあり、ジェンダーと障害の交差するところで家族の変容が浮き彫りになることが想定される。

では、スリランカのジェンダー規範はいかなるものであろうか。スリランカでは一九八三年から二〇〇九年まで二六年間続いた内戦によって経済が疲弊し、社会的混乱が続いた。また兵士には女性も含まれていたが多くは男性であり、多くの死傷者を出した。スリランカ政府の公式統計を見ると、一九九〇年代後半から総人口に占める女性人口の割合が男性人口よりも高くなっている。経済が低迷していたこの時期に女性は、自由貿易地域での縫製業の労働者、エステート（茶園地帯）での農業労働者、海外出稼ぎ家事労働者として国の経済を支え、社会における女性の役割は拡大していった。近年では、デジタル化を背景に中間層出身の女性の起業家や実業家が活躍の場を広げている。

しかし、たとえ高い教育を受けて雇用機会を得た女性であっても、結婚後は妻として、母として、「嫁」としての役割を夫や家族・親戚から強く求められるというジェンダー規範は根強く続いている。また、女性は精神的支えとして結婚し家族を作ることが必要だと信じられている。都市か農村かといった出身地域や出身階層によるが、女性の職業の選択肢が限られていることに加えて、女性の労働力率が三〇％台［CBSL 2020: 67］であることに示されるように経済的不安から結婚を選択するという側面もある。さらに、インフラ基盤が未整備の地域も多く、女性の一人暮らしや深夜の単独行動は安全ではないと広く認識されており、女性は成人後結婚して男性家族構成員に守られるべきとの通念につながっている。

スリランカの家族にも、少子高齢化の進展や海外出稼ぎの増加を背景に小規模化、核家族化という変化は見られる。しかし、これらの変化も女性がケア役割を担うべきという強固なジェンダー規範とそれに基づく性別役割をゆるがすには至っていない。このように、スリランカでは女性の経済的・社会的地位は高まっているが、強いジェンダー規範と家父長制の価値観が根強く残存しているという両面があり、女性は家族のなかでのケア役割を担うことが期待されている。

第一節　スリランカの障害者福祉と障害者家族のケア

1．スリランカの障害者福祉

スリランカでは一九四八年の独立後、「スリランカ・モデル」とも呼ばれる無償医療・教育・食料配給を中心とする福祉国家政策がとられた。一九五〇年代には社会支出が財政を圧迫するようになり福祉国家政策は立ちゆかなくなったものの［荒井　一九九五：一三七］、政府の財政支出に占める教育、保健、福祉などの社会サービスの割合に見られるように（図表1）、現在なお無償医療・教育に焦点化してこのモデルが残存している。しかしながら、これら以外の福祉領域、特に障害者および障害者家族については後述するように発展が遅れている。

福祉政策に関係する社会サービスに対する支出状況を図表1でみると、九〇年代以降、財政支出総額の三割前後で推移している。その内訳は、内戦終結翌年の二〇一〇年を除いて、教育支出については九～一〇%台で推移し、社会サービス項目の保健支出については年々その割合を高めている。福祉支出は一九九六年度および二〇〇五年度は、財政支出総額に占める割合は一五%台と比較的高比率であったが、それ以外の年度では一〇%前後で推移してきた。

二〇〇九年に内戦が終結するまで、戦争で負傷・死亡する兵士・軍人は増え続けていた。村落での調査によると、世帯の中に戦争で負傷して肢体不自由者となった元兵士は少なくない［鹿毛二〇一四：一七三］。そのような息子または夫の障害者年金を受け取りながら、介護を続ける母親や妻が存在しており、特に内戦中は傷痍軍人の数が増加傾向にあった。政府が傷痍軍人などに対して救済を行ってきたことが、内戦中の戦況や内戦終結前後での軍事費や救済のための福祉支出などの変化に影響している。

図表１　財政支出総額とその支出内訳の推移（選択年，単位：％）

	1996年	2000年	2005年	2010年	2015年	2019年
財政支出総額（百万Rs.）	221,120	335,237	588,094	1,293,613	2,304,424	2,932,391
一般公共サービス	25.8	26.8	19.6	19.3	20.1	16.4
社会サービス	31.5	27.9	38.2	25.0	29.9	31.4
教育	9.2	9.2	10.8	8.1	9.8	9.9
保健	5.3	6.2	7.6	5.7	7.7	8.3
福祉	15.2	10.8	15.8	8.7	10.3	11.3
住居・コミュニティ	1.7	1.8	3.8	2.5	2.1	1.8
経済サービス	18.2	19.9	21.7	28.2	26.1	21.1
その他（主に利子返済）	24.5	25.4	20.5	27.5	23.9	31.1

出所：CBSL (Central Bank of Sri Lanka), *Economic and Social Statistics of Sri Lanka*. 各年度より筆者ら算出。2019年は仮値。

スリランカの障害者は、二〇一二年の国勢調査では、国連のワシントングループによる質問項目に即して、視覚、聴覚、歩行、認知、セルフケア、コミュニケーションに分類されている。五歳以上の人口を対象としたこの調査によると、多い順に、視覚、歩行、聴覚、認知、セルフケア、コミュニケーションであった［DCS 2012: 133］。人口一〇〇〇人中の障害者の数は、全年齢層平均で八七人であり、年齢層ごとにみると、五～二九歳では一八人前後、三〇～三四歳が二三人、四〇～四四歳が五九人と年齢があがるにつれて漸増する。これに対して、五〇～五四歳では一三〇人、六〇～六四歳では二一八人、七〇～七四歳では三八五人、八〇歳以上では六〇八人となり、五〇歳以上になると大幅に増加する［DCS 2012: 135］。このように高齢化による障害者の増加が顕著である。

前述したように政府は、内戦で障害を負った兵士の福利厚生には支出するものの、それ以外の障害者および障害者家族に対する政府による障害者向けの福祉政策の改善が必要という認識は低く、障害者福祉は家族に委ねられている。

2．障害者家族に関する政策

本節では、冒頭で障害児教育の概要について述べたあと、障害者権利条約

写真１　特別ユニットでの活動（2011年コロンボ近郊で古田弘子撮影）

と国内法整備、および国家障害計画、家族計画における障害者家族の位置づけについて整理し、障害者福祉政策の特徴について述べる。

従来スリランカの障害児教育は、社会事業局が管轄する特別学校および公立学校の一部に設置された特別ユニット【1】において行われてきたが、近年では教育省の政策により通常の学級で学ぶ姿も見られるようになった。しかしながら、初等教育の中途で教育からはじき出される子どものなかに障害児が多いことが推測されている。

二〇〇六年に国連総会で採択された障害者権利条約は、障害の社会モデル（障害が個人に属するものでなく、個人と社会の相互作用により発生するととらえる見方）を反映した障害者の概念を提示している［川島 二〇一〇：二］。同条約では、障害をもつ人が完全なかつ平等である権利を享有することを家族が助けるよう、家族は必要な支援や保護を受けるべきであると規定し［土屋 二〇一〇：二二〇〜二二一］、障害者家族を障害当事者の一部としてとらえる立場をとる。

スリランカでは、二〇一六年に障害者権利条約を批准したものの、同条約の締結に向けた国内法の整備は遅れている。新たな障害者法を求める声は高まっているが、法案の作成・審議には至っていない［Jayawardena 2015: 170］。

スリランカの障害者に関する政策としては、二〇〇三年に策定されたスリランカ国家障害計画がある。同計画では、第Ⅲ章「インクルージョンへの障壁」で障害者家族について言及している［Ministry of Social Welfare 2003: 30-33］。そこでは、家族は「障害者を、支援が必要な無力な者だと決めつけ、サービスを利用できる場合であっても活用しようとしない」

と述べ、家族は障害者の自立の足かせとなる存在であると指摘している。しかしながら同計画は、障害者権利条約批准の一五年前に出されたものであり、障害者家族への支援が必要との認識は示してはいない。

一方、国連アジア太平洋経済社会委員会（ＵＮＥＳＣＡＰ）の主導で保健政策研究所が素案を出した「スリランカ家族政策」では、社会的に脆弱な家族への支援の提供に焦点をあてている［Institute for Health Policies 2010］。その一二の目標の一つは、障害者の家族へ適切な保健・福祉サービスを提供することとされている。これを受けて、前述の二〇〇三年国家障害計画では、障害による貧困化やスティグマが家族を苦しめていることにふれ、障害者の自営開業のためのローン貸付や割当雇用など障害者施策を進めるよう提言しているが、現在まで実現していない。

このように今日までのところ、スリランカの障害者に対する支援は、補装具の給付、救貧的な施設福祉や寄宿制の職業訓練に限定されている。そのため、ごくわずかな年金を除けば、障害者や障害者家族に直接かかわる社会サービス給付（とりわけ通所施設、ショートステイ）や就労・雇用支援にかかる公的制度は未整備のままである。具体的に、スリランカでもっとも人口密度が高い最大の商業都市コロンボを含む西部州の障害者福祉施策をみると、同州社会事業局が実施する事業のなかで障害者を対象とするものは、「障害者施設の管理運営」、「登録ＮＧＯへの予算拠出」のみである［Department of Social Services, Western Province, n.d］。施設福祉以外はＮＧＯに委ねる姿勢がうかがえる。

以上のように、障害者家族は障害当事者であり支援が必要という国際的に共有されている認識は、スリランカでは未だ確立していないと言える。

3．障害者家族の現状とケア

本章の冒頭で述べたように、障害者家族は、ジェンダー規範と家族の機能の谷間にあって、相克や軋轢が顕在化しやすい。女性は家にいるべきという根強いジェンダー規範のなか、家族の規模が小さくなり、少子高齢化が進むなかで、障害者家族はどのような状況に置かれているのか、障害者のケアは誰が行っているのか。ここでは、スリランカの障害観、権利擁護、障害者家族の経済的困難に焦点をあて、障害者家族の現状とケアについて概観し、次節につなげる。

スリランカでは障害をカルマ（前世からの因果応報）によりもたらされたものであるとみると同時に、障害者に施しをすることで功徳を積み来世での安寧を得られると考えられている［Liyanage 2017: 254-255］。このように、障害がスティグマ化され、慈善の枠組みで理解されるため、障害者の家族も、障害者である家族構成員が障害のない人々と対等の権利を享受するとみるよりは、ケアと保護の対象と考える傾向がある。一九九六年に制定された後の二〇〇三年に改正された障害者権利保護法第二八号は、国の障害者政策を進めるための制度の法的根拠について定めたもので、障害者個人の権利の保護について述べている。しかし、前述したような伝統的障害観が根強いなかで、障害者および障害者家族に対する政策においては権利擁護の視点が非常に弱い。

クマーラとグナワルダナは、国勢調査・統計局［DCS］による二〇〇六／〇七年及び二〇〇九／一〇年の世帯収入と支出調査をもとに、障害者がいる世帯（障害者家族）といない世帯（非障害者家族）を多次元の貧困指標をもとに比較分析した［Kumara and Gunewardena 2017: 56-59］。その結果、スリランカでは他のアジア諸国と比べるとその程度は低いとはいえ、障害者家族と非障害者家族を比べたときに前者において貧困の度合いがより高いことを示した。すなわち、スリランカの障害者家族の多くは貧困に直面しており、障害がある家族構成員を施設に委ねざるを得ない、あるいは自宅に留まらせることができても、必要なケアに対する公的支援が得られない状況にあると考えられる。そのため障害者家族にあっては、障害がある家族構成員に対するケアの重荷により家族崩壊のリスクが高いとも考えられる。

このように障害者家族は、文化的にも経済的にも周縁化されており、政策的課題としての優先順位も低いままである。前述したように、スリランカでは障害者や障害者家族が直面している困難に対して、政府には対応を求めず、カルマによる受難、すなわち個人の問題とする考え方が根強い。このような障害観のもとで、現代スリランカで、障害者家族はどのような実態におかれているのか。障害者家族のケアにおいて、父親と母親の役割がどのような実態にあるのか、次節では都市中間層の障害者家族の事例をもとに検討する。

第二節　障害者家族の事例

ここでは、コロンボおよびその近郊で障害者家族（父親または母親）を対象に行ったインタビューについて述べる。調査は二〇一九年八月に実施し、障害児教育退職教員を研究補助者とし、障害者家族に対し研究協力への依頼を行った。研究補助者は必要に応じて、シンハラ語・英語の通訳を行った。インタビューでは、子どもの障害の判明前後から今日に至るまでの子どもの教育歴や福祉・専門機関における療育歴を聞きながら、子どもに必要なケアを誰がどのように担ったかについて、また家族が考える障害のある子どもの将来設計について、聞き取りを行った。

事例1　P家族：父が方針を定め母がケアを担う役割分担型

P家族は、コロンボの中心地に近く、植民地時代より富裕層が居住する地域に自宅をかまえる。P家族は、スリランカでは数少ないクリスチャン（プロテスタント）であり家庭内使用言語は英語であるが、シンハラ語も理解する。インタビューはP一家の自宅で行い、P父（七〇代後半）が主に応じ、P母（六〇代後半）、P本人（四〇代前半）が同席し、時折意見を述べた。P本人は男性で、障害は軽度の知的障害である。訪問時、P家族には、高齢の住み込みの男性使用人がいた。

Ｐ父は大卒で専門職に従事していたがリタイアしており、Ｐ母は主婦のかたわら自宅で楽器演奏の個人教師をしてきた。子どもはＰ本人と年の近い兄がおり、結婚し子どもをもちコロンボ市内に住む。

Ｐ本人の教育歴は以下の通りである。二年ほどプレスクールに通った。Ｐ家族にとって子どもの就学先といえばキリスト教系の私立学校でありすでに兄が就学していたが、Ｐ本人の就学は学校から断られた。しばらく在宅で過ごした後、Ｐ父が有力者にかけあい近隣の公立学校に開設された特別ユニットの一期生となり通学を開始した。障害が軽度であったＰ本人は一年後同じ学校の通常学級に編入した。その後、後期中学校（一〇～一一年）まで通学し、一般教育証書普通レベル（Ｏレベル）試験には合格することなく教育を終了した。通学した期間は、学校およびＰ家族の合意のもと、教室では常にＰ母がＰ本人の隣に付き添い必要に応じて支援した。明るい性格のＰ本人は皆に好かれ、学校でいじめを経験することもなかったという。また、家では家庭教師を雇用していた。

学校教育終了後は、行き場がなくしばらく在宅で過ごしたが、その後通所施設に通うようになった。この施設は、障害者の親がコロンボの高級住宅地の邸宅で始めた男性障害者対象の施設で、描画や手工、畑仕事などの活動を行う。両親や本人の体調不良で別の入所施設で過ごした時期を除き、Ｐ本人は、平日は毎日この施設に通い職員や他の通所者と良好な人間関係を構築している。

Ｐ家族には通いの女性使用人がおり家事一切を担っているため、Ｐ母は家事に煩わされることはなかった。しかし、昨今は使用人を見つけることが困難になっており、以前よりも生活上の不便が増えている。Ｐ父は、高齢になった現在も通所施設のバザーを積極的に手伝い、成人後の軽度障害者が通所する施設を増やすよう英字新聞に投書で訴えるなど意気盛んである。

Ｐ父は、将来的にＰ本人のケアは、Ｐ本人の兄が担うことを期待している。しかし、兄は海外で修士号をとった多忙な企業人である。そのため、最近家族とＰ本人をよく知る一家の友人らの協力を得て家族信託の手続きをとろうとしている。

事例２　Ｑ家族：高学歴カップルの母の「柔軟な」就労

Ｑ家族は、コロンボの中心地から二〇キロメートルほどの距離にある新興住宅地に住む。自宅には、Ｑ父の母親（義母）が同居しており、義母とＱ本人（一〇代前半）のケアのため通いの女性使用人を雇用している。Ｑ家族は、仏教徒であり家庭内使用言語はシンハラ語である。インタビューは同地域の教育機関で、Ｑ母を対象に行った。

夫婦ともに国内の大学の理系分野の専門職学部を卒業しており、Ｑ父（四〇代後半）は転勤のある国家公務員として、Ｑ母（四〇代後半）は自宅で自営業（専門職）を営む。Ｑ本人は男児で、障害は自閉症であり、学習上の困難を伴う。Ｑ本人には年のあまり変わらない兄がいる。

Ｑ本人は、乳幼児期は手がかからなかったこともあり、Ｑ母はＱ本人のケアを使用人に委ねていた。あるとき、Ｑ本人のこだわりに由来する行動が気になったＱ母が児童精神科医にＱ本人を診せたところ、「自閉症の疑い」と言われた。Ｑ父はその診断に納得せず、それ以降夫婦でコロンボの国立子ども病院をはじめ、いくつかのクリニックをめぐることになった。

プレスクールには二年ほど通い、Ｑ本人は最初の園では「おとなしい良い子」で過ごしたが、兄の学校に近いプレスクールに移ったところ、園児の多い環境になじまず不適応行動をおこした。就学にあたっては、Ｑ母の出身校である地域の名門公立学校の通常学級に入学させた。しかし、状況判断に困難があるＱ本人は、登校後まもなく持参した弁当を食べようとするなど学校のルールに従うことができなかったため、教師から問題とされた。その後、Ｑ母が付き添うことが必要であるという指示書を子ども病院で出してもらうよう、学校から要請があった。これ以降、Ｑ母は二年間、教室でＱ本人の隣に付き添い必要に応じて支援した。

三年目に同校に特別ユニットが開設されたため、Q家族の意思でQ本人を特別ユニットに移した。特別ユニットでは、Q本人は歌の才能を開花させたうえ、それまで書けなかった複雑なシンハラ文字も書けるようになるなど格段の進歩を見せた。Q本人が特別ユニットに通学するようになってからは、Q母は午前中も仕事に専念できるようになった。特別ユニットでの二年間ののち、Q本人は再度第一学年に編入した。しかし、第四学年になると、第五学年の小学校修了時の全国統一試験に向けた学習が中心となるため、Q本人が登校をしぶるようになった。そこで第四学年の途中で、自宅の近隣の小規模公立学校に転校した。有名校ではないため、Q本人のようなニーズのある子どもも過ごしやすいとQ母は考えたのである。現在、第五学年に在籍し、学習面の進歩は認められないが、歌の能力を学校内で認められQ本人は喜んで通学しているという。またQ本人は家庭では、ピアノの個人レッスンを受けている。

一方、コロンボにある私立の有名特別学校で、週一回専門的な個人指導（療育）を受けるために、Q母はQ本人を連れて二年間通った。高額な授業料を支払う特別学校への転校も選択肢にあったが、Q母は「学習面の進歩は期待できないとしても、近隣の小規模公立学校で社会性を身につけてほしい」と考え、Q本人を近隣の公立学校へ通学させ続けている。Q母は、国立障害者職業訓練センターを利用できるようになる年齢までは、現在の学校で過ごさせたいと考えている。

Q父は、Q本人が幼いときには遠方の事業所への単身赴任中であり、Q本人との関係がうすく子どもの障害を否定しようとした。しかし、現在ではQ本人の将来について考えるようになり、障害に関する考えがQ母と一致するようになった。Q母とQ父は、将来兄がQ本人のケアを担うよう期待しており、Q本人のために隣接地を購入し、将来きょうだいが隣り合って住めるように願っている。

Q母は、自宅で自営業を営んでいるため、Q本人のケアと仕事のバランスがとりやすかったと考えている。しかし、Q母は子ども病院で、少なくとも一日五時間はQ本人と過ごすようにとの助言を受けた経験から、乳幼児期にQ本人のケアを家事使用人にまかせすぎていたため、自身のかかわりが不十分であったと悔やんでいる。

第三節　障害者ケアとジェンダー

1．ケアの担い手とジェンダー規範

前節で示した二家族の事例は、親の年代からみればほぼ二〇年の開きがあるものの、都市中間層の障害者家族のケアの担い手という点から、二家族に共通して見られた特徴は以下の三点であった。

第一に、親族や親類縁者などが近隣に居住しており、そのサポートを期待できる状況にある点である。Q一家には義母が加わっているが、基本的には夫婦と子ども二人（長子と障害のある次子）により構成される核家族であった。P一家には、P本人の兄に加え、クリスチャン・コミュニティを基盤とする家族の親族・知人ネットワークがある。また、Q一家は、母の出身地に居住しており、地縁のネットワークを子どもの就学先選択で活用している。どちらの事例においても、障害者本人および家族が周囲から障害に関連する否定的態度をとられた経験はそれほどなく、家族に加え親族・親類縁者のサポートに支えられてきたと言える。政府の障害者家族に対する支援政策が不在の現状を考えると、ケアに時間や人手をより多く必要とする障害者家族にとっては、この幅広いネットワークによる支援は重要である。

第二に、障害者ケアを母親が担うべきという強いジェンダー規範および性別役割分業が見られるという点である。Q一家の事例からは、女性は就労していてもアンペイドワーク、とりわけ子育ての大部分を担うことが期待されていることが顕著に見られた。また、母親本人もケアは母親が担うという規範を内面化しており、そのことは、Q母が家

事使用人に子どもの世話を委ね、自分がQ本人と過ごす時間が少なかったことを否定的にとらえていることに見ることができる。これは、スリランカにおいて「家庭のブッダ」「国の母」といった「母」の愛に重きをおく文化［カルナラトナ 一九九九：二〇］が深く社会に浸透していることの現れとみることができる。また、別の角度から見れば、母の愛という言説で、障害児をもつ家族におけるケア役割を母親に担わせているとも言える。

事例からは、障害者家族の父親がケアに積極的に関与していることが明らかになった。たとえばP父は、学校入学を勝ち取るための交渉をリードし、通所施設の重要性を社会に訴えるなどしていた。また両事例とも、親亡き後の本人の生活基盤確保など子どもの将来設計の検討に関し父親がリーダーシップをとっていた。このような父親の関与は、ヴァイディヤ［二〇二〇］によるインドにおける障害者ケアとジェンダー役割についての研究結果とは異なるようにみえる。デリー首都圏で自閉症の子どもの親を対象にしたヴァイディヤの研究では、親族ネットワークから完全に切り離された都市のエリート家庭で、母親がケア役割を担うという形で性別役割の強化が見られた。これに対しスリランカの障害者家族においては、父親が積極的役割を果たしていることから、インド首都圏と比べ性別役割分業の強化は見られなかった。とはいえ、父親は障害児の直接的ケア以外の対外交渉や将来設計に関することを担当しており、母親は子どものケア、特に教育を担っていることは、形を変えた性別役割分業とみることもできる。

前節でとりあげた二家族は家事使用人を雇用する余裕がある中間層である。しかしながら、ほとんどの障害者家族にはそのような余裕はなく、子育ての負担が直接母親にかかる状況にある。その結果、母親の就労が困難となり、一方で通院やその交通費の支出が必要となるため、ますます貧困が深刻化するという悪循環に陥っていることは障害者家族の現状の項で述べた通りである。

第三に、子どもの教育への親の関与、とりわけ母親の関与が学校から強く求められたという点である。Q本人の学齢期はP本人のそれから四半世紀という時間的経過があるにもかかわらず、ともに母親が教室で子どもを見守り、教育補助員の役割を果たすことを求められていた。このため、専門職のQ母は、子どもの教育の必要度に合わせた「柔軟な」就労［押川 二〇一六：九九～一〇三］の形態をとっていた。子どもに密着して付き添うのは父ではなく、母であり、母であれば子どもへの適切な対応ができると考えられていることがうかがわれる。

P母、Q母ともに母が付き添う母子学習を求められたのは、特別学校ではなく通常の学級への通学に際してであったことにも留意が必要である。事例で紹介した二家族はいずれも子どもを通常学級で学ばせていた。スリランカ教育省はインクルーシブ教育を指針として掲げているものの、その政策は策定されておらず実施が遅れている。そのため、通常の学級で障害児が学ぶことへの障壁は未だに高く、家族の全面的な協力、なかでも母親の役割が鍵となっている。これは障害者教育に関する政策の不備を母によるケア役割で補っていると言える。

写真２　インターナショナル校での家族雇用の教育補助員（2014年コロンボ近郊で古田弘子撮影）

最後に、国を問わず障害者家族にとって頭を離れることのない難題である「親亡き後問題（親が高齢化し当人のケアをできなくなることを含め）」にふれたい。ヴァイディヤ［二〇二〇：二四一～二四二］は、デリー首都圏の自閉症児の親にとって「親亡き後はきょうだいが頼みの綱」であることを見出したが、本研究の二家族でも、将来はきょうだいがケア役割を担うことが期待されていた。Q一家は、隣接地に当人用の土地を購入し家屋の建設を計画しており、P一家も家族信託の手続きを済ませていた。このように土地の購入や財産という形を取っていることは、従来の家族主義を超えて、市場など外部の社会経済的システムによりケア課題の解決を目指しているとみることもできよう。この家族機能の外部化の動きは、女性頼みの家族主義に基づく障害者ケアから新しい方向に向かう可能性を示しているのか、これについての詳細な検討は今後に委ねるとして、次節ではこのような変化を可能にする、障害児教育に関わる外部市場の動向を紹介する。

2．中間層を対象とした障害児教育の市場化

前項で述べたような、障害をもつ子どもに学校教育後も教育を受けさせたいと考える中間層の障害者家族の拡大は、教育サービスの市場化とどう関係しているのだろうか。

近年スリランカでは、公的教育制度への不信感の高まりを背景に、中間層をターゲットにした教育セクターへの海外教育資本の進出が著しい［Little and Hettige 2013: 119-120］。障害児の教育については海外教育資本の直接進出はまだ見られないものの、教育の質が低い公立学校の特別ユニットに見切りをつけた中間層の親をターゲットにした有名特別学校や有名私立学校、さらには全教科を英語で教えるインターナショナル校による特別ニーズ教室の設置といった例が珍しくなっている。たとえば古田［二〇一六：一四三〜一四四］は、コロンボ近郊の英語による障害児療育専門施設および全国各地に支部校を擁するインターナショナル校の一校に開設された特別ニーズ教室の実態について報告している。ここでは言語聴覚士や、国の定める教員免許はもたないが特別ニーズ教育のディプロマ（証書）を有するティーチャーと呼ばれる職員が個別支援計画に基づく専門的指導を行っている。また、通常の学級で親が雇用した教育補助員が子どもの隣にすわり支援することもある。

中間層をターゲットにした障害児教育の一例として、一九〇〇年に設立され幼稚園から高校までを擁するコロンボ

写真3　高層ビルと市庁舎（2018年コロンボで古田弘子撮影）

の有名ミッション系私立女子校の取り組みを見てみよう。同校では、特殊教育部を設置し個別学習支援と障害児支援を行っている。校長の年次報告【2】によれば、支援を受ける生徒には通常の学級の生徒との共同学習の機会が、特に水泳などスポーツにおいて設けられている。支援を受ける生徒のなかにはスペシャルオリンピックス世界大会に参加した者もいた。また、同校は一九八〇年代から修了者にディプロマを授与する専門教職員養成を行っているが、英語による幼児教育に加え、二〇〇四年には学習障害児支援、二〇〇七年からは特別ニーズ教育のディプロマコースを開講している。このような専門教員養成コースの開講は、中間層を対象とした国内での英語による教育熱の高まりに呼応した英語使用の障害児教育への需要増を反映したものである。

　一方、近年、障害児の表現活動を支援するNGOも生まれている。その例としてはスネラ財団があげられる。同財団はスリランカを代表する文化人の支援を受け、一九九八年から英国の表現者集団と連携して障害者の表現活動を開始し、二〇〇七年からは単独で海外からの寄付金により活動を継続している【3】。本章でとりあげた事例とは別に筆者らが行った中間層の障害者家族へのインタビューでは、知的障害のある娘をこの活動に週二日参加させているという聞き取りが得られた。この父親は、将来娘に自宅でダンスやピアノのインストラクターになってほしいという希望をもっていた。このように主に中間層を対象とした、障害者のための質の高い生涯学習の機会が提供されるようになってきている。

　最後に、学校教育以外の障害児のケアには何か変化が見られるのであろうか。前述したように公的福祉セクターにおける障害児のケアが救貧的な施設ケアにとどまっているスリランカでは、教育・療育を目的とする場以外で民間セクターがデイ・ケアなどを担う動きは見られない。中間層の場合、家事使用人や家庭教師を雇用するなどの方法で子どもの教育を行っていると思われる。とはいえ、前述したように近年の家事使用人の確保の困難に鑑み、家族とりわけ母の障害児のケア負担は増していると思われる。

おわりに

本章では、スリランカにおいては社会的・経済的な変化に伴い女性の活躍の拡大という変化が見られる一方で、家父長制的価値観が残存し性別役割分業が強固に残るという両側面があることを指摘した。家族全般のなかでもケア・ニーズが顕在化しやすい障害者家族においては、家父長制の価値観の下、障害児のケアは女性の役割とされてきた。事例であげた中間層の二家族においては、両親の年代にほぼ二〇年の開きがあるが、いずれの年代にあっても、またたとえ家事使用人を雇用していても、社会（たとえば、子どもが通学する公立学校）から母親によるケアの提供が求められていた。しかしながら、若年の家族においては母親が専門職をもち「柔軟に」就労する例が見られたことは、強固な女性の役割に多少の変化が生まれていることを示唆しているようにもみえる。

スリランカ独立後の早い時期に策定された福祉国家政策は、医療・教育などに限定されたものであり、障害者家族を支援するような福祉政策は現在に至るまで策定、実施されていない。そのため現状では、事例に見られたように中間層の障害者家族は、教育終了後の子どもの「心身の良好な状態（well-being）」のために、血縁・地縁・知人などのネットワークを活用して家族で対応している。しかし、最後にあげたＮＧＯによる成人障害者の余暇活動支援の例や、「親亡き後」の資産管理などを託す家族信託の方法を取り入れている例が見られることは、強固な家族主義のほころびと見ることもできる。今後は障害者ケアにおける家族主義が揺らぎ、このような市民領域が根付くのか見守る必要がある。また、近年の私立学校やインターナショナル校の障害児教育分野への進出は、中間層のニーズに呼応したものである。学校教育終了後の障害のある子どもに対するサービス提供の市場化はまちがいなく今後も進むだろう。このような障害者教育市場の拡大がスリランカの障害者家族のケアの外部化を進め、障害者ケアにおける性別役割分業にどのような変容をもたらすか、この検証は今後の課題である。

本章の事例では中間層に焦点をあてたが、市場化への対応が困難な貧困層にあっては、今後一層家族を支える国家の役割が問われるところである。スリランカ政府は家族の変容をどのように受けとめ、必要な福祉制度・政策を創出していくのか、今後の動向を見守りたい。

【注】

【1】公立学校の一部に併設された障害児学級であり、小学校入学前の前段階の準備課程という位置づけにある（横澤／古田二〇一三：一一二）

【2】Principal's Report 2019, Ladies College. http://www.ladiescollege.lk/index.php/academic/annual-report/（二〇二一年六月六日アクセス）

【3】スネラ財団ウェブサイト　http://sunerafoundation.com/（二〇二一年六月六日アクセス）

【参考文献】

日本語文献

荒井悦代［一九九五］「スリランカの教育と開発」豊田俊雄編『開発と社会――教育を中心にして』アジア経済研究所

ヴァイディヤ・シュバンギ［二〇二〇］「発達障害と家族――インド都市部における自閉症スペクトラム障害」古田弘子監訳『インドの女性と障害――女性学と障害学が支える変革に向けた展望』明石書店

押川文子［二〇一六］「インド都市圏における「主婦」と家事」落合恵美子／赤坂香奈子編『アジア女性と親密性の労働』京都大学学

術出版会
川島聡［二〇一〇］「障害者権利条約の基礎」松井亮輔／川島聡編『概説障害者権利条約』法律文化社
鹿毛理恵［二〇一四］『国際労働移動の経済的便益と社会的費用――スリランカの出稼ぎ女性家事労働者の実態調査』日本評論社
カルナラトナ、クスマ［一九九九］「シンハラ社会における女性の地位と社会的背景」大森元吉編『スリランカの女性、開発、民族意識』明石書店
土屋葉［二〇一〇］「家庭生活と家族」松井亮輔／川島聡編『概説障害者権利条約』法律文化社
藤原里佐［二〇〇六］『重度障害児家族の生活――ケアする母親とジェンダー』明石書店
古田弘子［二〇一六］「スリランカ、コロンボ周辺の富裕層を対象とした障害児の教育」押川文子／南出和余編『「学校化」に向かう南アジア――教育と社会変容』昭和堂
要田洋江［一九九九］『障害者差別の社会学――ジェンダー・家族・国家』岩波書店
横澤美保／古田弘子［二〇一三］「スリランカの公立学校のスペシャルユニット（特殊学級）の教育内容と課題――ある知的障害ユニットの実態から」『発達障害研究』三五（一）、一〇七～一一三

外国語文献

CBSL (Central Bank of Sri Lanka) (various issues) *Annual Reports*. Central Bank of Sri Lanka.
CBSL (Central Bank of Sri Lanka) [2020] *Annual Report 2020*. Central Bank of Sri Lanka. https://www.cbsl.gov.lk/en/publications/economic-and-financial-reports/annual-reports.（二〇二一年二月一日アクセス）.
DCS (Department of Census and Statistics) [2012] “Physically or Mentally Impaired Persons”. In *Census of Population and Housing*, 130-137. http://www.statistics.gov.lk/pophousat/cph2011/pages/activities/reports/finalreport/finalreporte.pdf (Accessed February 1, 2021).
Department of Social Services, Government of Sri Lanka (n.d.) *Overview*. https://www.socialservices.gov.lk/web/index.php?option=com_content&view=article&id=1&Itemid=103&lang=en.（二〇二一年二月一日アクセス）.
Institute for Health Policy [2010] *Family Policy for Sri Lanka: Formulated by the Institute for Health Policy for Ministry of Social Services with the Assistance of an Inter-sectoral Task Force.*” https://ihp.lk/publications/docs/familypolicyforSL.pdfrSL.pdf.（二〇二一年二月一日アクセス）.
Jayawardena, D. S. R. [2015] “Protection of the Rights of the People with disabilities in Sri Lanka. Need for New Legislation.” Proceedings of 8th International Research Conference, KDU (Kotelawala Defence University) http://ir.kdu.ac.lk/handle/345/1381（二〇二一年一〇月二八日アクセ

ス）．

Kumara, P. H. T., and Gunewardena, N. B. [2017] "Disability and Poverty in Sri Lanka: a Household Level Analysis." *Sri Lanka Journal of Social Sciences*, 40/1: 53-69. https://sljss.sljol.info/articles/abstract/10.4038/sljss.v40i1.7501/.（二〇二一年一一月一日アクセス）．

Little, Angela W., and Hettige, Siri T. [2013] "The New Business of Foreign Education" In *Globalisation, Employment and Education in Sri Lanka: Opportunity and Division*, by Little, Angela W., and Hettige, Siri T., Routledge.

Liyanage, C. [2017] "Sociocultural construction of disability in Sri Lanka: Charity to rights-based approach." In *Inclusion, Disability and Culture: An Ethnographic Perspective Traversing Abilities and Challenges*, edited by Halder, Santoshi and Assaf, Lori Czop, Springer International Publishing AG.

Ministry of Social Welfare [2003] National Policy on Disability for Sri Lanka.

コラム6　パキスタンにおける児童婚・早婚

KFAW海外通信員　ムハンマド・サジャド（パキスタン）

定　義

児童婚の定義は一八歳未満で結婚することであり、当事者が片方、双方どちらの場合も該当する。

世界における児童婚

児童婚は国、文化、宗教、人種の枠を超えた世界規模の問題です。中東からラテンアメリカ、南アジア、ヨーロッパに至るまで、あらゆる地域で幼い花嫁が見られます。中でも、サハラ以南のアフリカと南アジアは、世界でも児童婚の割合が非常に高い地域とされています。国連児童基金（ユニセフ）の二〇一七年のレポートによると、世界でもサハラ以南のアフリカにおける児童婚の割合が最も高く、若い女性の一〇人に四人が一八歳未満で結婚するということです。同じく南アジアでの児童婚は三〇％、中東と北アフリカが一七％、東ヨーロッパと中央アジアが一一％、ラテンアメリカとカリブ海諸国が二五％です。

パキスタンの現状

パキスタンは、児童に対するあらゆる暴力を終わらせるための南アジア・イニシアティブ（SAIEVAC）という多国間プロジェクトに加盟しています。このプロジェクトは、児童婚をなくすための地域アクションプランを策定しています。パキスタンにおける児童婚は伝統、文化、慣習に根差したものです。しかし場合によっては金銭の授受、借金の清算、娘同士の交換（犯罪の償いとして又は紛争解決手段として女性を譲り渡すことや交換結婚制度）も行われています。これらは、「ジルガ」や「パンチャーヤト」と呼ばれる地域の長老者会議によって認められています。また「ダウリー（結婚持参金）」の伝統はパキスタンで広く行われており、花嫁と花婿の家族の間で結婚の前後に金銭や品物といった財の交換をするものです。このような慣習のため、女性は低年齢で結婚する傾向にあり、結果として経済的にも社会的にも家族に依存するようになります。これらの要因があいまって、女性の家庭内における意思決定の役割が制限されるため、その生産性も損なわれるのです。

男女の初婚年齢に関する政府の法的措置

パキスタンでは、一九二九年制定の児童婚制限法によって、法定婚姻年齢が女性は一六歳、男性は一八歳に定められています。二〇一七年二月、児童婚法違反の厳罰化を図る刑法の修正案が国会で可決されました。これにより、違反者は懲役五年以上一〇年以下、および罰金一〇〇万ルピー以下が科せられることになります。

児童婚の深刻さ

児童婚の慣習は、男児・女児ともに影響を及ぼすことは事実ですが、その度合いは女児の方に偏っており、特に児童婚が女児にもたらす健康上の悪影響は、男児の比ではありません。パキスタンにおける児童婚の蔓延は、インド、ネパール、バングラデシュといった近隣諸国よりも幾分少ないとはいえ、相当数行われているのが現状です。他の低所得国における調査でも、児童婚が原因で妊産婦および乳児の死亡率・疾病率が高くなることが示されています。さらに、ユニセフと国際女性研究センター（ICRW）による複数の国のデータを基にしたレポートによると、幼くして結婚した女性は、大人になって結婚した女性と比較すると、概して貧しく、教育を受けておらず、農村地域在住で、医療サービスを受ける機会が少ない、という特徴が見られるということです。このように、妊産婦および乳児の死亡率・疾病率が高まるという偏ったリスクは、彼女たちを取り巻く社会経済的、文化的、構造的な脆弱性と関連していると考えられます。

『Asian Breeze』二〇一八年一一月 抜粋掲載

結婚式の支度を整えたシンド州の16歳に満たない少女

妊娠の問題を抱えるパンジャーブ州南部の既婚少女

おわりに

田村慶子・佐野麻由子・織田由紀子

本書は、（公財）アジア女性交流・研究フォーラム（ＫＦＡＷ）アジア研究者ネットワークに集った研究者による共同研究の成果である。ＫＦＡＷアジア研究者ネットワークは、北九州および近郊に在住するさまざまな分野の研究者や実務者が、アジア地域を中心とする研究・実践活動の成果を共有する場として二〇〇九年に結成され、現在では九州各地から二〇名ほどの研究者が参加している。

二〇一九年初頭、アジアにおける家族の変容に関する共同研究をしようという企画が立ち上がり、ネットワークに参加している研究者に呼びかけたところ、八名の方々が企画の趣旨に賛同してくださった。その後、関東地方の大学に移動されたり、コロナ禍で大学の仕事や授業の負担が増えて共同研究を断念するなどで参加者が減り、最終的に本書の執筆者は五名となった。その五名がシンガポールや台湾、ネパール、スリランカを研究対象としているため、本書の事例がこれら国と地域になった次第である。もっとも、そのような消極的な理由だけではなく、これらの国・地域は面積も人口も小さいものの、程度の差こそあれ、⑴急激な少子化ないし少子高齢化、⑵拡大家族から核家族へという急激な世帯規模の縮小、⑶出稼ぎによる家族の離散や外国人ケア労働者によって支えられる家族機能というグローバル化のなかでの家族の変容を経験しているという共通項を持つために、アジアの家族の変動を考察するためのきわめて適切な事例となったと自負している。

企画が立ち上がってから本書が完成するまでの約三年に及んだ共同研究の趣旨は、今日のアジアにおける家族の変容を捉えることにあった。アジアの家族は「圧縮された近代」と表現されるように、欧米に比べて少子高齢化が急速に進み、短期間に変容を遂げている。本書では、シンガポール、台湾、ネパール、スリランカという四つの国と地域を事例として、政治的領域、経済的領域との関わりを視野に、家族形態、家族の機能、性別役割分業、家父長制に基づく家族の価値観など、多様な側面から家族の変容を分析した。

おわりにでは全体を振り返り、何が明らかになったかを確認し、本書の意義と残された課題を考える。振り返りの枠組みとしては、はじめにで示した、アジアの家族の変容を捉えるにあたっての三つの視点、家族の規模縮小と家族機能の外部化、グローバル化が家族機能と家族観の変容に与えた影響、メリトクラシーが家族観に与えた影響を軸に、政治的領域、経済的領域を視野にジェンダーの視点から考察する。

家族の規模縮小と家族機能の外部化

一九六〇年代後半以降、アジアの国々では子どもの数を減らそうという政策がとられてきた。その結果、今日、国による違いはあるものの、家族の規模縮小と少子高齢化の進展は共通して見られる。この家族の規模縮小と高齢化の進展に伴い、家族が担っていたケア機能（特に高齢者介護）を誰が担うのかという問題が表面化した。今回事例としてとりあげた国や地域では、政府による公的介護制度を導入したところはなく、家族による介護基盤の弱体化という実態から目を背けたまま、「家族主義」による高齢者福祉政策を掲げている。また、介護も含めて福祉政策が不十分な国もある。こうした中、共通して見られたのは、ジェンダー規範により、ケア役割を負わされている女性たちが、家族主義を実体的に担っているという点だ。

家族機能の外部化は、これらの国や地域が掲げている家族主義を堅持するための対応策の一つと言える。事例では、外部化は外国人女性ケア労働者を家庭に入れるという形をとったり、市場を通じて教育や生殖医療を含むさまざまなケアサービスの購入という形をとったりしている。政府は法制度の整備や補助金などの形で外国人労働者の受け入れを直接的、間接的に支援するなどして、ケア役割の外部化を容認または推進している。外国人労働者の受け入れやケアサービスの市場での売買という、家族機能の外部化を前提として家族主義を標榜しているのである。

この家族機能の外部化は、ケアするのは女性というジェンダー規範を維持することにも役立っている。それについて事例では、外国人ケア労働者は女性であり、子どもの教育を優先するために就業を減らすのは母親といった形で表れている。本書では、家族規模の縮小による家族機能の外部化は、家族主義を補強することはあっても、社会のジェンダー規範を揺るがせるものではないことも示された。

グローバル化が家族機能と家族観の変容に与えた影響

グローバル化の進展は家族機能や家族観の変容にどう影響するのか。事例からは、さまざまな変化が引き起こされていると同時に変わらない部分も浮かび上がってきた。

本書の事例で取り上げたシンガポールや台湾のような先進国や地域においては、経済のグローバル化に伴う人の移動の増加は、海外からの女性ケア労働者の受け入れの形をとって前述のように家族機能の外部化を進める役割を果たした。政府は、ケア労働は女性がするものというジェンダー規範と家族主義のモットーを温存したまま、外国人ケア労働者を雇用することで、高齢者介護などの福祉課題の解決をはかることができたのである。

同時に、グローバル経済に対応し自国の経済発展を進めるためには、女性に高レベルの教育を身に付けた高技能の労働者として活躍してもらう必要がある。そこで、教育政策を含むさまざまな政策を通じて女性を経済発展の担い手として労働市場に引き出してきた。第二章ではシンガポールでとられているグローバル化に見合う人材の育成のための教育政策について詳しく述べられている。

とはいえ、家族のケアと家の外での活躍という両方の役割を期待されている女性たちは疲弊し、家庭の重い負担からの逃避として、台湾の事例で述べられているように、結婚しないという戦略をとることもある。女性に家族のケア役割と労働者としての活躍という両方の責任を負わせ続けてきたことが、少子化のさらなる進展や外国人ケア労働者の権利の保護といった、当初意図しなかった課題を生み出している。

このように、シンガポールや台湾のような先進経済圏では、グローバル化を通じて家族のケア機能の外部化は可能になったものの、少子化の進展は、男女からなる夫婦が子どもを育み、高齢者を世話するという、国の掲げる家族主義の基盤を危うくしているのである。女性に政策の矛盾を押し付け、女性の働きで解決をはかることはできないことが明らかになった。

他方、先進経済圏の家族機能の外部化を担う労働者を送り出す途上国の側においても、グローバル経済に直接的につながることで社会と家族、家族観やジェンダー規範に変化がもたらされた。例えば、ネパールでは出稼ぎによる男性不在が、社会のジェンダー役割や期待を変え、根強い男児選好を弱める可能性が示された。男性がいないという実態が家族観やジェンダー規範の変容を招いたと言える。

途上国におけるグローバル化に伴う目に見える変化の一つに、都市部を中心にした中間層の台頭がある。中間層は、男女を問わず教育を重視し、また、女性が家の外で働いたり、海外に出稼ぎに行ったりするなどの個人としての生き方も受容する。その結果、抑圧的な家父長制的家族観を弱める可能性がある。そのことはネパールを取り上げた第四章で、社会的な地位の上昇指向が強い中間層では男児選好の程度が弱いという興味深い結果にみることができる。著者はこの結果について、イングルハートを引用しながら、物質的に充足された中間層の間で平等主義的な考え方がより強いことを示すものと見ている。また途上国ではないがシンガポールの教育を取り上げた第二章でも、収入が高い階層では男子優先意識を持たない傾向が見られることが明らかにされた。

とはいえ、中間層の台頭やそこに見られる平等主義的な考えがそのまま、家族のケアは女性がするものというジェンダー規範を変えるものではない。そのことは、スリランカの都市中間層の家族を対象にした調査で、高い教育を受けた母親が障害を持つ子どもの教育補助役割を期待されており、そのために自らの働き方を変えている事例からもうかがえる。

グローバル化の進展は家族の機能、男性優位の家族観の変容に影響すること、特に女性に個人として生きる道を拓くが、そのことがそのまま当該社会のジェンダー規範を揺るがせてはいないことが明らかになった。

メリトクラシーが家族観に与えた影響

メリトクラシーは、性別のような属性によらず能力に応じて社会的階層を上昇できるシステムであり、グローバル化を支える価値観でもある。本書第二章では、シンガポールでは教育制度から働き方までメリトクラシーが貫徹していることが示されている。ネパールに関する第四章でも、家族に頼らなくても生きていける上層の人たちはメリトクラシーを支持し、個人主義的価値観をもち、男児選好が弱い傾向があることが示された。これらの事例が示唆することは、メリトクラシーは個人重視であり家父長制的家族観の対極にあるということである。

一方、メリトクラシーが貫徹しているシンガポールでは、高齢者介護の重要な担い手は家族ではなくなりつつあるにもかかわらず、政府は「家族主義型福祉レジーム」という原則を堅持しており、メリトクラシーと家族主義は共存しているようにもみえる。メリトクラシーは家族にどのような変容をもたらしただろうか？

シンガポールのメリトクラシーを論じた第二章では、メリトクラシーが貫徹した結果、教育におけるジェンダー格差は見られないが、収入においては差が見られることを指摘している。そして、この格差は、「ペアレントクラシー」とも言われる、親による子の教育への資源投入能力に影響することを示唆している。

確かに、メリトクラシーは性別のような属性による格差の解消には効果的だが、そのままジェンダーに中立的な能力本位のシステムに移行したわけではない。「シンガポールの「疲弊する」家族と女性」という第一章のタイトルが示しているように、女性たちは、政府が理想とする「男女のカップルが合法的に結婚して三人以上の子どもを持ち、さらに高齢の親を同居あるいは近隣居住して介護する家族」という家族のかたちを体現する役目を強いられている。その上、ペアレントクラシーのもとで、金銭だけでない教育に関するアドバイスやマネジメント、心遣いのような見えない働きも要求されている。

メリトクラシーは人びとを家父長制的家族観から自由にしたように見えるが、それは子どもを産み、育て、親を介護するというジェンダー役割に加え、社会で活躍するという新しい役割を女性に期待するというジェンダー規範を踏み台にした自由に過ぎない。メリトクラシーにより家族観の変容がもたらされたように見えても、根源的な変容とは言えない。

本書を通して明らかになったことは、第一に、家族の変容は、家族のなかだけでも、また国内だけで起こるものではないということである。グローバルな活動が進展している今日、家族の変容は世界の動きに直結している。

第二に、家族規模、形、機能がかくも大きく変動しているにもかかわらず、実態を無視した家族主義を掲げ続けることは、少子化の進展や外国人労働者の処遇に見られるように新たな問題を引き起こすということである。拠って立つ基盤が変わっていることを直視する必要がある。

第三に、最も強調したいことであるが、家族の変容は必ずしもジェンダー規範の変容を伴わないということである。変容する家族と実態のずれから生じる矛盾を押し付けられた女性は疲弊し、前述のように少子化などの新しい課題にもつながりやすい。家族の変容の矛盾解決にはジェンダー規範や役割の変容も必要ということである。

本書は、シンガポール、台湾、ネパール、スリランカという全く異なる四つの国と地域における家族の変容に関する考察である。本書で取り上げられた事例には、少子高齢化や家族のケアだけでなく、同性婚、生殖医療、メリトクラシー、障害者家族のような、これまで家族についての議論で取り上げられることが少なかった切り口を含んでおり、きわめて今日的なアジアの家族の変容を示すものとなった。本書の意義はかくも幅広い家族に関わる現象を取り上げていることであり、その幅広さにもかかわらず共通したアジアの家族を取り巻く動きが見えることにある。
ここで得られた知見が、日本を含む他のアジアの国々における家族の変容についてもあてはまるのか、さらに研究を重ねる必要がある。

本書の刊行にあたっては、二〇二一年度北九州市立大学学術図書刊行助成および同大学法学部法政叢書刊行会による助成をいただいた。改めて厚くお礼申し上げたい。また、KFAW理事長の堀内先生は共同研究をご支援くださり、事務局は研究会開催に際して様々な便宜をはかってくださっただけでなく、数多くの「海外通信員記事」から本書コラムに適切な記事を選んでくださった。心から感謝したい。
最後に、出版事情が厳しい中、本書の出版を快く引き受けてくださった明石書店と編集担当の佐藤和久さん、長尾勇仁さんにも厚くお礼申し上げたい。

二〇二一年一一月一日

田村　慶子
佐野麻由子
織田由紀子

織田由紀子（おだ　ゆきこ）［おわりに］

所属なし（開発・環境・ジェンダー）。クラーク大学大学院国際開発プログラム。修士。
主要業績：『持続可能な開発目標（SDGs）におけるジェンダー視点の主流化に関する研究――日本と諸外国の自発的国家レビューの比較』（アジア女性交流・研究フォーラム、2019年）、『東南アジアのNGOとジェンダー』（共編著、明石書店、2004年）

読者へのメッセージ：ペットは家族の一員、家族は同じ名字であるべきなど、日本でも家族をめぐってさまざまな議論が行われています。アジアでは家族の名の下にどんなことが起きているのでしょうか。本書を読みながら、自分たちが持っている家族のイメージにとらわれず、現実の家族を見る視点を養いましょう。

森田豊子（もりた　とよこ）［コラム3］

鹿児島大学グローバルセンター特任准教授（イラン地域研究）。神戸大学大学院法学研究科博士課程後期課程単位取得退学。修士（政治学）。
主要業績：『イスラーム・ジェンダー・スタディーズ1　結婚と離婚』（共編著、明石書店、2019年）、「現代イランの学校教育における宗教実践――イラン革命後の変化と現在」高尾賢一郎、後藤絵美、小柳敦史編著『宗教と風紀――〈聖なる規範〉から読み解く現代』（岩波書店、2021年）

読者へのメッセージ：家族の変容はアジアだけではなく私が専門としている中東でも同様で、世界規模で起きていることのように思います。現状を受け止め自分はどう対応すべきなのかをみんなが考える時なのかもしれません。

【執筆者】

坂無　淳（さかなし　じゅん）［第2章］

福岡県立大学人間社会学部講師（社会学、ジェンダー研究）。北海道大学大学院文学研究科博士後期課程単位取得退学。修士（文学）。
主要業績：「大学教員の研究業績に対する性別の影響」『社会学評論』65（4）（2015年）マシュー・ボルトン著（共訳）『社会はこうやって変える！——コミュニティ・オーガナイジング入門』（法律文化社、2020年）

読者へのメッセージ：新型コロナウイルスの影響のまっただ中にこの本は準備されました。シンガポールの方々とやりとりしますと、この出来事が世界レベルで人々の暮らしに大きな影響を与えていることを実感します。シンガポールが以前から進めてきた生物科学や情報科学の研究と産業化も、さらに進められると予想されます。これらの変化やその変化が人々の暮らしに与える影響を考えていきたいと思います。

古田弘子（ふるた　ひろこ）［第5章］

熊本大学教育学研究科教授（障害者教育）。筑波大学大学院心身障害学研究科修了。博士（心身障害学）。
主要業績：「試験競争と振り落とされる教育弱者——学校教育の現実と教育援助」杉本良男／高桑史子／鈴木普介編『スリランカを知るための58章』（明石書店、2013年）、「インクルーシブ教育制度への転換と特別学校の包摂——南アジア2か国、スリランカとブータンに焦点をあてて」『熊本大学教育学部紀要』70（共著、2021年）

読者へのメッセージ：障害者家族とジェンダーは日本国内でもこれからさらに開拓されていく領域です。アジアの障害者家族には日本との共通点も多く親近感を感じたのではないでしょうか。ふりかえって日本ではどうなのかと思いをめぐらしていただけるならうれしいです。

鹿毛理恵（かげ　りえ）［第5章］

沖縄国際大学経済学部経済学科准教授（アジア経済論、国際経済学）。佐賀大学大学院工学系研究科博士課程修了。博士（学術）。
主要業績：「障害のある女性はこの社会でどうやって暮らしているのか？」（翻訳）アーシャ・ハンズ編『インドの女性と障害——女性学と障害学が支える変革に向けた展望』（明石書店、2020年）、「日本における外国人女性介護人材受け入れの現状と課題——経済連携協定によるインドネシア介護福祉士候補者の受け入れ事例を中心にして」『アジア女性研究』27（アジア女性交流・研究フォーラム、2018年）

読者へのメッセージ：スリランカの中間層家族は教育熱心です。国内には学習塾が乱立し、学習教材がよく売れます。最近は母から家事や伝統衣装の着付けも教わらずに勉強だけしてきた高学歴女性が増えたと聞くようになりました。社会は今でも女性には家族のケア役割を期待しています。しかし新しい世代の登場とともにゆっくり変化しているのです。

著者紹介

【編著者】

田村慶子（たむら　けいこ）［はじめに、第1章、第3章、おわりに］

北九州市立大学法学部教授（国際関係論、東南アジア地域研究）。九州大学大学院法学研究科博士課程修了。博士（法学）。
主要業績：『多民族国家シンガポールの政治と言語――「消滅」した南洋大学の25年』（明石書店、2013年）、『マラッカ海峡――シンガポール、インドネシア、マレーシアの海峡を行く』（編著、北海道大学出版会、2018年）、『東南アジアと「LGBT」の政治』（共編著、明石書店、2021年）、『20世紀の東アジア史Ⅲ――各国史2（東南アジア）』（共著、東京大学出版会、2020年）

読者へのメッセージ：急激な経済成長を遂げたシンガポールと台湾では、女性の社会進出は日本よりずっと進んでいるものの、出生率は世界最低レベルです。なぜ女性は子どもを産まなくなっているのでしょうか、家族のあり方はどう変わり、政治は家族にどのように介入しているのでしょうか。日本と比較しながら楽しく読んでいただければ嬉しいです。

佐野麻由子（さの　まゆこ）［はじめに、第4章、おわりに］

福岡県立大学人間社会学部准教授（国際社会学、ネパール地域研究）。立教大学大学院社会学研究科博士課程修了。博士（社会学）。
主要業績：『開発社会学を学ぶための60冊――援助と発展を根本から考えよう』（共編著、明石書店、2015年）、「『それでも息子が欲しい』？――ネパールにみる過渡期的発展と男児選好の未来」山田真茂留編『グローバル現代社会論』（文眞堂、2018年）、「途上社会の貧困、開発、公正」宮島喬他編『国際社会学』（有斐閣、2015年）、「開発・発展におけるジェンダーと公正――潜在能力アプローチから」宮島喬他編『公正な社会とは――教育、ジェンダー、エスニシティの視点から』（人文書院、2012年）

読者へのメッセージ：子どもの性別選好は、文化横断的に見られる現象です。日本でも、「産み分けサイト」や「男の子ママ、女の子ママどちらが勝ち組？」等のネット上の議論から、関心事になっていることがうかがえます。子どもの性別選好は、どのような社会構造に影響を受けるのでしょうか。日本と比較しながら読んでいただければ幸いです。

変容するアジアの家族

シンガポール、台湾、ネパール、スリランカの現場から

2022 年 3 月 25 日　初版第 1 刷発行

編著者　田 村 慶 子
佐野麻由子

発行者　大 江 道 雅

発行所　株式会社明石書店

〒101-0021 東京都千代田区外神田 6-9-5
電話 03（5818）1171
FAX 03（5818）1174
振替　00100-7-24505
https://www.akashi.co.jp/

装丁　明石書店デザイン室

印刷・製本　モリモト印刷株式会社

（定価はカバーに表示してあります）　ISBN978-4-7503-5368-5

東南アジアと「LGBT」の政治

性的少数者をめぐって何が争われているのか

日下渉、青山薫、伊賀司、田村慶子 編著

■A5判／上製／392頁 ◎5400円

東南アジアでは多様なジェンダーや性が歴史的に存在してきた一方で、西洋発のLGBT運動は彼らの多くを支配的な規範に包摂されつつ周縁化するきらいがある。本書はそのような現状を議論し、欧米の規範に画一化されない性の多様性への新たな理解を開く。

●内容構成●

第一部 性的少数者の名前と表象
第二部 国民・宗教・家族による排除
第三部 資本主義による条件付き包摂
第四部 家族・国民への条件付き包摂
第五部 「公式の政治」が招く齟齬・分断・排除
第六部 「日常の政治」によるもう一つの「解放」

自分探しするアジアの国々 揺らぐ国民意識をネット動画から見る
小川忠著 ◎2200円

ソーシャルメディア時代の東南アジア政治
見市建、茅根由佳編著 ◎2300円

「一帯一路」時代のASEAN 中国傾斜のなかで分裂・分断に向かうのか
金子芳樹、山田満、吉野文雄編著 ◎2800円

東南アジア大陸部の戦争と地域住民の生存戦略 避難民・女性・少数民族・投降者からの視点
瀬戸裕之、河野泰之編著 ◎4400円

21世紀東南アジアの強権政治 「ストロングマン」時代の到来
外山文子、日下渉、伊賀司、見市建編著 ◎2600円

東南アジアの紛争予防と「人間の安全保障」 武力紛争、難民、災害、社会的排除への対応と解決に向けて
山田満編著 ◎4000円

「非伝統的安全保障」によるアジアの平和構築 共通の危機・脅威に向けた国際協力は可能か
山田満、本多美樹編著 ◎3600円

アジア太平洋の労働運動 連帯と前進の記録
鈴木則之著 ◎2400円

〈価格は本体価格です〉